启真馆 出品

创造性破坏

全球化与文化多样性

Creative Destruction

How Globalization Is Changing the World's Cultures

［美］泰勒·考恩 著　王志毅 译

TYLER COWEN

ZHEJIANG UNIVERSITY PRESS
浙江大学出版社

目 录

市场亦有道　艺术岂无价（译序[1]）

一

艺术与经济学，一个是展现人类无穷创意的橱窗，一个则是以枯燥分析而闻名的"沉闷乏味的科学"。许多人认为两者之间存在着不可逾越的鸿沟，某位小有名气的经济学家还曾在某篇文章中特地指出："将经济学引入艺术领域并对其进行分析的尝试极为少见。"

1　本文第一、第二部分为旧作，择要介绍了"艺术经济学"的某些研究思路，曾以不同形式发表过。这里要感谢《证券时报》的邬敏编辑和《成言艺术》的王鲁先生。由于当时文中提到的考恩教授的作品已出中译本（泰勒·考恩：《商业文化礼赞》，商务印书馆，2005年），这里按中译本的译名、译文对相关段落作了调整，修改了一些不妥的文字，并补写第三部分，简介了考恩教授的这本新作《创造性破坏》。

其实，讨论艺术与经济学的关系的渊源可以一直往前追溯。至少马歇尔在《经济学原理》中就曾写道，好听的音乐并不是边际定律的一个例外："尽管美妙的音乐听多了，人们可能会对它产生强烈的偏好。"

1966年巴默尔和博文教授合力撰写的《表演艺术——经济困境》一书，被认为是现代经济学以其横扫一切的帝国主义力量向艺术领域拓展的开山之作，也宣告了艺术经济学（也可称为文化经济学）作为一门学科的诞生。其后展开的相关研究不可胜数，文献累积之多已可称得上汗牛充栋，只不过圈外人鲜有注意而已。

用经济学来分析艺术的途径可以有两种，一种方法是将艺术作为商品，对它进行"供给—需求"层面的研究，侧重于讨论艺术活动中的经济因素，比如艺术品的价格、利润分析，比如艺术的国际贸易问题；另一种方法则是借用"理性选择"这一犀利的社会科学分析范式，阐述艺术活动背后的"人类行为"。

苏黎世大学的弗雷教授在他的著作中举了一个例子来帮助人们理解"理性选择"与艺术活动的关系。我们知道，日本在经济黄金年代大量购进欧洲印象派和表现派的名画。买卖名画是一种行为，而经济分析的任务，就是找到使日本和欧美的艺术收藏家做出这样迥然不同的行为的隐藏力量。于是，我们就要分析它们之间的收入增长速度、相对价格水平（比如美元和日元的汇率变动）、"使用"艺术品的方式（放在博物馆里供人展览还是存到保险箱中坐等升值），甚至税制等等方面的差异所在。当然，我们也可以用贝克尔的人力资本理论来加以研究，比如印象派绘画看上去蛮像日本古典艺术，这是否是彼邦的艺术收藏家对印象派"情有独钟"的症结所在呢？

经济学的视角，因其单刀直入的分析方式，而显得别具一格。许多人们习以为常的现象，经过"理性选择"的剖析，却变得"不合理"或者说"有趣"起来了。比如，一般来说，博物馆所展出的收藏品，不会超过自己所拥有的总量的四分之一，像西班牙的普拉多博物馆还有台北的"故宫博物院"，展出的藏品连十分之一都不足。更过分的是，博物馆并不会定期将展品进行轮换，以使那些"深宫怨妇"有出头的机会。自己不展出也就罢了，博物馆也很少租借和拍卖自己的藏品。也就是说，一件作品要是被博物馆收藏但没有展出（多数二流作品就是这样的下场）的话，那么它可能就永远没有供人观瞻的机会了。

面对博物馆如此下作的行为，经济学家大为困惑的同时也不禁会追问，打开艺术博物馆的储藏间，是件既有益于艺术爱好者又有利（润）于博物馆的好事，"看不见的手"为何就是没能发挥作用呢？博物馆的行为为何会不符合"利润最大化"呢？如此剥茧抽丝地分析下去，其实答案是很简单的，对艺术爱好者和博物馆都有利的事，却可能不利于博物馆的实际经营者，让他（们）承担了风险却没有获得收益的可能。用流行的术语来说，是出现了"激励不相容"。倘若我们希望能欣赏更多的艺术品，解决办法也是很简单的：让激励相容。只有当经营者和博物馆真的坐在一条船上的时候，他们才会勇于去承担有利可图的风险，将尽可能多的作品呈现给读者。在1988—1989年间，美国88家私人博物馆卖出了1284件总计价值达3000万美元的收藏品，同时买入142件总计价值达3750万美元的艺术品；在任何时刻，美国大都会艺术博物馆都有5000—1万件藏品处于出借状态。没有人会天真地认为，那是因为美国人更热爱艺术吧。

二

然而，经济学视角对艺术最大的冲击在于让人们开始正视艺术活动身后的经济驱动力量，就像艺术社会学使人们发现了社会因素对艺术行为的影响。关于艺术的经济学分析则迫使我们重新思考，到底什么是艺术？

昨天的成见，会使人们倾向于否定新的艺术形式。印象派兴起的时候，艺术评论家对它的评价极低。可市场的看法却不同，在印象派运动被整个艺术制度承认以前，这些绘画作品的交易价格已经被炒得很高了。至少就这一点而言，市场更敏锐地发现了新兴的艺术形式。

乔治·梅森大学的考恩教授在哈佛大学出版社为他出版的《商业文化礼赞》一书中指出，由于大师之作往往具有极强的原创性，因此，在诞生之初总是很难被人们接受。那么，我们可以想象，一个成熟的商业世界，一个"丰裕社会"，因其更多元化的选择空间，能够激发更多的天才之作。

批评者或者文化悲观主义者一般认为商业文化倾向于鼓励肤浅、平庸、看完就扔的作品，而不是那些真正的艺术品。伟大如托克维尔者，也在他的《论美国的民主》中哀叹道："民主时代的文学，……它的作者们只求快速，而不愿意细腻描写。……作家们追求的目的，与其说是使读者快慰，不如说是使读者惊奇。作家们的努力方向，与其说是使人感到美的享受，不如说是使人兴奋激动。"

这种批评里有一点是正确的，那就是表达清楚和易理解的作品在市场上会更受欢迎。可一方面，表达清楚的作品就一定不是好作品吗？另一方面，市场是否同时会扼杀那些晦涩、深奥、抽象的作品的生存空间?

受大众欢迎的作品有许多在经历时间的考验之后成了"经典"之作。笛福、大仲马、狄更斯……他们最优秀的作品都曾洛阳纸贵,再想想中国旧日文坛上的鲁迅、梁实秋吧。用安东尼·伯吉斯的话说,"有创造力的作家应该像莎士比亚那样,写那些受大众欢迎但又不仅仅受大众欢迎的作品"。

无可否认,这世上有许多优秀作品,因其独特的思想性和诠释手法,多数人无法理解,只好敬而远之。在商业文化下,这些作品和作者的命运又是如何?

当然不可能像写《达·芬奇密码》的丹·布朗那样,一夜成为千万富翁了。可是我们所要问的,并不是那些文笔晦涩的优秀作家在市场上会多受欢迎,而是他们是否能找到属于自己的读者群?市场上是否有与这些作品相配的文学评论?或者,比起没有商业文化的环境来,他们的作品是否更容易发表呢?

只要看一看现实就可明白,20 世纪为这个世界提供的文学、艺术巨擘远胜以前任何一个世纪。考恩教授以 20 世纪 20 年代为例:1922 年艾略特的《荒原》和乔伊斯的《尤利西斯》出现了;1923 年出版了里尔克的《杜伊诺哀歌》;1924 年是托马斯·曼的《魔山》;1925—1926 年则是卡夫卡的《判决》和《城堡》;这十年中重要的作品还有叶芝的诗歌和普鲁斯特的《追忆似水年华》。

如果这还不是文学和艺术的繁荣，那什么样的情况才是呢？

　　另一方面，我们似乎也应该以更开放的心灵来看待艺术，斯蒂芬·霍金（《时间简史》）和理查德·道金斯（《自私的基因》）那些美妙的科学作品当然也是文学。那么克鲁格曼在《纽约时报》的经济评论呢？或者《电影手册》上的影评呢？尽管它们不属于传统的 fiction 概念，但一定可归于广义上的 literature。商业文化的发展，总是会不断冲击人们的头脑，展现新的表达手法。

　　因此，虽然今天的商业世界，正以其令人惊讶的速度制造各种明星和泡沫，喧嚣热闹程度之烈有时给人精疲力竭之感，以致某位文化史大师这样评论今天的时代："就像一个无家可归的人处于困苦之中，雪上加霜。"但我总以为，对艺术的未来，不妨抱乐观一点的态度。

三

　　读者现在看到的这本《创造性破坏》，是泰勒·考恩教授又一部阐述艺术与经济关系的专著。考恩教授延续了《商业文化礼赞》一书中的文化乐观主义态度，只不过这一次，他将视角拓广到了整个当代世界，考察在全球化的过程中，国际贸易如何以及在何种程度上影响文化的发展与流变。

在 20 世纪的现代主义批评者看来，文化的产业化是一场不折不扣的灾难。以前的艺术家尽管也要通过出售自己的才华以维持生计，但一般都保留着前资本主义时代的温情外衣，而非赤裸裸的雇主—雇员关系。但到了今天，文化的生产已经被彻底纳入资本主义的工业体系之中。生产关系的变化令艺术创作者不再是作品的（唯一）主宰者。昂贵的文化产品，诸如电影、电视、戏剧的生产和制作，是金融财团、制作公司、营销部门、保险公司等部门角力与妥协的结果；艺术家是在整个生产计划已经水到渠成之后才粉墨登场的。不过同时人们也承认，在产业化程度最为空前的好莱坞，艺术家的创作自由却在既定范畴中得到了最好的保障。

另一方面，全球化与文化之间的关系也是人们所争执的焦点。许多左翼批评家认为，今天的全球化其实就是美国化，它打破了其他地区传统的文化体系，"美国文化帝国主义的暴力和好莱坞电影和电视的渗透就在于帝国主义对这些传统的破坏上"[1]。反过来，保守主义者则担心西方传统与非西方文化

1　詹姆逊:《现代性、后现代性和全球化》，中国人民大学出版社，2004 年，第 395 页。

的融合将最终摧毁前者的特质性。

考恩教授同时反诘了这两种批评。他指出，所有成功的文化都带有综合的特点，只有不断与外界保持吸收、交流的状态，文化才能持久更新，而不致走向自我封闭。文化的活力来源于广纳四海，博取众家之长。古希腊文明、古印度文明，以及中国的唐宋盛世，无不带有浓厚的世界主义精神。今天的西方文化当然也不例外，它的"哲学传统继承自希腊，他们的宗教来自中东，科学基础源自中国和伊斯兰世界，主要的人口和语言则来自欧洲"。割裂文明与外界的关系，一味坚守所谓的"伟大传统"，最终只能伤害文明自身。当然，在文化间的交流当中，相对弱势的文化可能需要面临更多的调整和转化。

不论是丹尼尔·贝尔的"后工业社会"还是杰姆逊引用曼德尔的所谓"晚期资本主义"，这些作者都坚信当代资本主义是"千年未有之变局"，都将分析重点集中在该新生事物的异质性上。杰姆逊就认为，从现实主义到现代主义再到后现代主义，它们"分别反映了一种新的心理结构，标志着人的性质的一次改变，或者说革命"[1]。然而在考恩教授看来，商业化

1　杰姆逊：《后现代主义与文化理论》，北京大学出版社，1997年，第157页。

　　甚至全球化都是伴随着更为久远的人类历史时而扩张时而收缩的连续过程而已，今天的全球化在程度上固然空前，但在性质上却未见有什么不同。与其对历史进行充满争议的断代划分，倒不如从一个不断延展的连续角度出发，站在世界主义的高度上，分析文化伴随着贸易的扩张发生了如何的变化，它的创造力又得到了何种程度的展现。这或许也是本书最为独到之处。

　　不过正如作者自己所承认的，他没有就全球化如何影响现实生活中的广泛社会实践作出分析，也没有提及文化业背后的意识形态较量，而这些恰恰是众多文化研究者所关心的问题。考恩作为一个经济学家，他在分析中一直秉持着典型的方法论个人主义思路；而文化研究者们不管是那些依托于欧陆的哲学理论渊源的学院派，还是继承英美传统，将着眼点放在种族、阶级、性别等具体问题中的公共知识分子，基本上都采取了集体主义视角。这构成了两者在理论取向上最不可调和的矛盾。因此，考恩教授关于文化与经济的阐述尽管有坚实的经验佐证，但却并没有对当代文化理论所提出的批评作出积极的正面回应。毋宁说，他观察到了文化全球化的另一个面向。

致　谢

笔者感谢 Bryan Caplan，Peter Dougherty，Eli Lehrer，Robin Hanson，Daniel Klein，Timur Kuran，David McBride，David Schmidtz，Daniel Sutter，John Tomasi，我前两本书的评论人（他们的评论对本书有直接影响），一些匿名审稿人，和各种参与研讨会的人及乔治·梅森大学的同事所作的评论和讨论。Mercatus 中心给予了必要的研究支持，并为这个项目提供了资金。

第一章 文化间的贸易

海地音乐在小加勒比海市场——法属圭亚那、多米尼加、马提尼克岛、瓜德罗普岛和圣·卢西亚非常流行。安替列群岛有许多音乐家怨恨海地人的成功，尽管他们的很多音乐理念都来自具有海地风格的 compas（念作 "comb-pa"）。安替列群岛的 Kassav 乐队在带有 funky[1] 风格祖克乐（zouk）方面居于领导地位，乐队的创始人这样说道："创立 Kassav 的时候，我们所起来反抗的正是海地帝国主义（指其流行程度）。"政府所采取的保护性措施就是限制这个国家里面海地乐队的数量。讽刺的是，安替列的祖克乐现在开始向海地渗透。海地的音乐家们讨厌外来的风格，虽然就像安替列的同行们一样，他

---

1 爵士乐的一种独特节奏和表现方式。——译者注

们毫不犹豫地吸收利用了那些音乐创新。海地的循环节奏风格本是古巴舞蹈音乐和多米尼加梅伦格舞（merengue）的一个改良版本。[1]

加拿大政府担心美国连锁书店巨头博得书店（Borders）不会摆放足够多的加拿大文学作品，便阻止其进入加拿大市场。加拿大人资助他们的本国电影业，并要求留出一定比例的电台时间来播放本国的音乐内容，这让加拿大的流行明星如席琳·迪翁和裸体女郎乐队获得了更多的音乐播放机会。美国人自豪于他们的娱乐工业在全球范围的成功，可加拿大作家玛格丽特·阿特伍德（Margaret Atwood）却用"伟大的有着星条的他们"这样的句子来表达她对北美自由贸易协定（NAFTA）的抗议。

法国每年要花 30 亿美元在文化事业上，并雇用了 1.2 万名文化官员，旨在维护和增进他们独特的法国文化观。[2] 他们已经领导了一个世界运动，强调文化要脱离自由贸易协定。根据这样的思路，西班牙、韩国和巴西对自己国家的电影业提出了很强的内容要求；法国和西班牙对电视也有同样的管制。

---

1 关于这方面的故事，参见 Guilbault（1993，chap. 5）。
2 关于法国的支出数据，见 Drozdiak（1993）。

直到最近，印度还不允许进口可口可乐。

出于一些理由，贸易成了一个情绪性很强的话题，其中最主要的理由是它构筑了我们对文化自身的感受。较之以往任何时候，我们都更加认识到不是所有人都喜欢正在改变当代文化的国际贸易与全球化。2001 年 9 月 11 日针对美国的恐怖主义攻击，首先就指向了象征全球商业活动的世界贸易中心。

哈佛大学的哲学家诺齐克（Robert Nozick）在他的《无政府、国家和乌托邦》一书中指出，市场社会提供了一个基于选择自由的文化乌托邦。他勾勒了一个假想中的自由至上者（libertarian）世界，在那里每个个体都可以自由地选择生活方式、社会习惯和文化，只要不侵犯其他人作相同选择的权利即可。这和描述吸引了许多人，但它带来了一个经验问题，即市场上可以容纳多少选择，或一个更加自由至上的社会里将能容纳多少选择。

分属于各个政治派系的评论者都认为市场破坏了文化和多样性。本杰明·巴柏（Benjamin Barber）声称现代世界被堵在圣战（血腥的政治认同）和麦当劳世界（不流血的经济利润）之间，后者代表了麦当劳和美国流行文化的扩张。英国保守主义者约翰·格雷认为全球自由贸易毁灭了世界的政治、经济和文化。他的著作题为《伪黎明：全球资本主义的幻象》。杰里米·汤斯托（Jeremy Tunstall）将"文化帝国主义论题"定义为"主要来自美国的大规模商业和媒体产品的无限制倾销，使世界许多地方真性情的（authentic）、传统的和本土的文化无立锥之地"。詹姆逊（Fredric Jameson）写道："世界文化的标准化，也就是通过驱逐或矮化当地的流行或传统形式为美国电视、美国音乐、食物、衣服和电影腾出空间，已经被许多人视为全球化的核心所在。"[1]

  19 世纪的法国人，《论美国的民主》的作者托克维尔为现代许多对商业主义的批评提供了基石。一般来说，人们并不把托克维尔看作一个经济思想家，但事实上，他的书中渗入了深刻和具有原创性的文化经济学。他以整个 19 世纪最为严肃的态度修订亚当·斯密的思想。比如，他努力想推翻苏格兰启蒙运动的格言：市场规模的扩大导致了更广的多样性。对托

---

1 见巴柏（1995，p. 8），汤斯托（1977，p. 57）和詹姆逊（2000，p. 51）。相关的当前观点，见 Tomlinson（1991），Robertson（1992）和 Schiller（1992）。Barnet 和 Cavanagh（1996）提供了另一个典型地指控文化全球化的清楚陈述。对格雷的批评，见 Klein（2000）。在卢梭的"高尚的野蛮人"表述，以及回到更早的时代，希腊人将历史变革视为腐败和衰落的观点中，可以找到更一般的尚古主义信条。基督教的教义，尤其是伊甸园和人的堕落，为纯粹、原创的文化注定从高雅走向衰落提供了灵感。关于基督教尚古主义的根源，见 Boas（1948）；关于"高尚的野蛮人"的历史，见 Fairchild（1961）。关于经典传统时代的尚古主义，见 Lovejoy 和 Boas（1965）。

克维尔来说，市场的增长就像一块磁石，推动供给者进行大规模生产，同时远离小众（niche）[1]。因此，托克维尔认为美国生产的是具有最小公分母的文化，与欧洲贵族政治下的复杂精致形成了对照。尽管托克维尔是以非常含蓄微妙的口吻谈论美国，而且其中还夹带着许多赞扬之语，但他仍然相信对文化商品而言，更大的市场会降低它们的品质。

考虑到这样的批评反复出现，我们不禁怀疑市场是否真的扩展了我们的自由、增加了选项。如果不是这样的话，那么从事市场交易的自由就会和其他自由比如个体选择或维持一个特定文化身份的自由产生冲突。更一般性地来说，关键问题是现代世界可能有什么样的自由。

为了探寻这个题目，我提出了几个关于市场经济中的文化的基本问题。文化产品间的贸易是支持还是破坏世界的艺术多样性？未来会出现的是有品质的艺术和创新呢，还是最小公分母下的同质文化？经济选择的自由扩展到全球之后，会对文化创造力产生什么样的影响？

当代的争论频繁地提及全球化这个术语。论者赋予这个概

---

[1] niche 一词在本书中经常出现，视情况有时译为"小众"，有时译为"利基"。——译者注

念无数种意思，世界贸易和投资的增长、世界政府、国际恐怖主义、帝国主义者的征服、IMF 专家统治、全球武器贸易，以及传染病在世界范围的传播，不过我所关心的是文化产品之间进行跨地理空间的贸易。

一个典型的美国雅皮士喝法国红酒，在日本的音响系统旁听贝多芬，利用互联网通过伦敦的交易商购买波斯纺织品，看由欧洲人导演、外国资本投资的好莱坞电影，并去巴厘岛度假。一位中上阶层的日本人也许会做同样的事。一个曼谷的少年也许看好莱坞电影明星阿诺德·施瓦辛格（奥地利人）的电影，学习日语，听香港和中国内地最新的流行音乐，以及拉丁歌手瑞奇·马丁的歌。伊拉克的萨达姆·侯赛因选择弗兰克·辛纳特拉（Frank Sinatra）的"我的路"作为他 54 岁生日的主题歌。[1]

我所关心的是文化的一个面向，即这些刺激和娱乐我们的创意产品。更明确一点，我把音乐、文学、电影、烹饪和视觉艺术看成是文化的相关表现形式。给定这些研究领域之后，我主要研究贸易如何培养市场中的艺术创造力。

我把许多社会实践（social practice）搁置在了一边。我

---

1 Micklethwait 和 Wooldridge（2000，p. 190）。

不考虑全球化是如何影响家庭规范、宗教或礼貌的，除非它们可能影响到创意产业。尽管这些社会实践对于全面评估全球化来说很重要，但却在我的选择范围之外。我把注意力集中在市场，而不是人或团体上。我要研究的是在市场上可以有什么样的自由，而不是必须在市场之外维持什么样的自由。比如，我不研究是否应该维系内在价值（intrinsic value）以阻止全球创意的商品化。

　　相反，我把国际性商业看成检验一个古老问题的台阶，它至少可以回溯到希腊文明：市场交换与审美素质之间是盟友还是敌对关系？此外，我们对市场的看法，以及最终的菜单选择，还有助于解决另一个来自经典传统时代的问题。当希罗多德将希腊的文化活力统统归因于他们的综合特点时，他是否指出了一个更为一般化的现象？当普鲁塔克（Plutarch）暗示说，"流放"以及相应的异邦感觉，在根本上是创意的来源而非贫瘠的土壤时，他是对的吗？沿着斯多噶派的说法，我们应当在多大程度上以世界主义（cosmopolitan）的方式行事，或者他们应当在多大程度上遵循本土与个别的原则？

冲突的制度

在世界范围的文化产品贸易中，存在着相互强烈冲突的制度。从有利的方面来看，个体在更大的程度上摆脱了"场所的专制"。阻挡个体获得世界财富与机会的空间限制要比历史上任何一个时候都少。这个改变代表了人类历史上最为耀眼的自由的增长。

更明确一些，西方（以及其贯穿历史的其他各类文明）的基础是通过商品、服务和理念的国际交易而结成的多文化果实。在不同程度上，我们可以说西方文化的哲学传统继承自希腊，他们的宗教来自中东，科学基础源自中国和伊斯兰世界，主要的人口和语言则来自欧洲。

如果我们分析一下书，会发现纸张源自中国，西文符号系统来自腓尼基，页码数字来自阿拉伯和（从根源上考究）印度，不同的印刷术分别继承自谷登堡（一个德国人）以及中国人和韩国人。古代的核心抄本（core manuscript）是由伊斯兰文明以及爱尔兰教士（在较低的程度上）所保存的。

1800 年到第一次世界大战之间是一个史无前例的国际化大跃进时期。西方开始使用轮船、铁路、机动车取代马车或慢船。国际贸易、投资和移民的数量增长得非常快。统而言之，19 世纪是一个创意非凡和结出了累累硕果的时代。欧洲和美国之间文化理念的交流推进了多样化和品质的提高，而不是将所有东西都变成同质化的垃圾。[1]

相反，西方历史上最著名的文化衰落时期也伴随着贸易边界的大幅回缩。从公元 422 年罗马帝国的崩溃到 1100 年左右的中世纪早期，也就是所谓的黑暗时代，出现了跨地区贸易和投资的大规模收缩。罗马帝国已经在欧洲的边远角落和地中海之间建立了常规联系；罗马的公路网举世无双。然而，在帝国衰落之后，贸易萧条、城市衰败，封建主义伴随着贵族们将各自的领土重重武装起来而出现。在这个时期，建筑、写作、阅读和视觉艺术的水平都大幅下降。古典时期的华丽建筑变得破烂不堪，或被抢劫一空。青铜制品被熔化后做金属用，许多知名文学作品遭到了毁灭。

在很大程度上，中世纪社会和文艺复兴的兴起就是一个再全球化（reglobalization）的过程，那时的西方不断增进与中国人及伊斯兰世界的接触。同时展览会扩大了，航道变得更为活跃，科学观念广为散布，而且许多自罗马时代之后便沉寂

---

1 国际贸易占世界经济的之例从 3% 增长到了 33%；作为世界产出的一部分，世界贸易所占的比例直到 20 世纪 70 年代才恢复到 1913 年的水平，见 Waters（1995，p. 67）和 Krugman（1996，p. 208）。

下来的陆上贸易路线又获得了重建。

这些成功并没有在同等程度上将文化交流包括进来。坦率地说，文化的"公平竞争"是一个神话，从不会在现实中出现。希腊的城邦竞争从不是基于公平。基督教和希腊—罗马文化在欧洲的确立有部分要归因于法令。英国文化一开始便在北美有很好的基础。文化交流的收益通常来自处于严重不平衡状态的动态背景之中，而不是那些平静或和缓的环境。

"第三世界"和"本土"艺术在今天不平等的全球经济中迅猛发展。多数第三世界的文化是混血儿——包括西方在内的多种全球影响的合成品。没有一个通行的术语可以描述这些文化。考虑到这些创意产品的综合性质，无论是"第三世界"、"本土"、"原创"还是"未发展"都不是合适的字眼。

举个例子，加拿大因纽特人的雕塑品直到第二次世界大战以后才形成规模。不过在此以前，他们已经从海员的贝壳雕刻艺术中吸取了灵感。1948 年，白人艺术家詹姆斯·休斯顿（James Houston）向因纽特人引入了皂石（soapstone）雕刻。自此以后，因纽特人陆续创作出了许多第一流的作品。在西方艺术市场上，石雕作品通常利润颇高，这也使得因纽特人可以维持许多传统的生活方式。因纽特人还进入了版画领域，取得了商业和艺术的双重成功。[1]

　　还可以找到很多相似的故事。金属刀使包括太平洋西北和巴布亚新几内亚在内的许多第三世界雕刻传统获得了新生。丙烯画和油画是通过西方的接触才传播开来的。南非恩德贝勒族（Ndebele）用珠子作为装饰裙子、衣服和纺织品的基本材料。这些珠子并不是源自非洲，而是在19世纪从捷克斯洛伐克进口的。镜子、珊瑚、棉衣和纸——"传统"非洲艺术的核心材料——都是通过与欧洲人的接触而获得的。20世纪，第三世界的"民间艺术"（folk arts）惠及整个世界，在很大程度上是受到了西方的需求、原料以及生产技术的驱动。查伦·塞尔尼（Charlene Cerny）和苏珊·塞里夫（Suzanne Seriff）已经使用了"全球垃圾堆"一词来指称世界上各种民间艺术所使用的废弃西方材料技术。[2]

　　世界音乐比以往更加健康和多样化。世界上的艺术家并没

1　关于贝壳雕刻作品，见 Furst（1982, p. 138）；在休斯顿之前，因纽特人的生活中石雕的地位较低，见 J.C.H. King（1986, pp. 88-89）。好的一般性介绍见 Swinton（1972）和 Hessel（1998）。

2　见 Brunside（1997, p. 93）和 Bascom（1976, p. 303）。关于恩德贝勒人，见 Glassie（1989, p. 64）。西方金属刀的艺术用途已经被包括巴布亚新几内亚、马来西亚和新西兰在内的各个地方所认识到，参见 Weatherford（1994, pp. 250-251）。

有被跨国大集团的产品所淹没，他们已经学会适应国际化的影响以实现自己的目标。多数国产音乐可以毫无困难地征服忠实的本国听众。在印度，国产音乐占据了市场 96% 的份额；埃及是 81%，巴西是 73%。即使是在像加纳这样的小国，国产音乐也能占到市场的 71%。[1]

世界上大多数音乐风格的起源时代要比一般所认为的晚许多，即使是那些想象中的"传统"类型也不例外。在 20 世纪，多数文化都卷进了音乐革新的浪潮，那些大型、开放的文化尤其如此。第三世界的音乐中心——开罗、拉多斯、里约热内卢，前卡斯特罗时期的哈瓦那——都是欢迎来自国外的新理念与技术的具有异质性（heterogeneous）和世界主义的城市。

在所有这些例子中，著名的艺术产地都非常活跃，努力搜寻艺术家，采百家之长以创造受欢迎的美学效果。这并不是要贬低西方艺术，或暗含着他们"欠了西方的"。这与强调单一文化，把非西方的艺术家描绘成一成不变和静态的工匠，污辱他们无法超越最初的风格进行综合改进形成了鲜明的对比。

---

1 见 Cowen 和 Crampton（2001），采用了联合国教科文组织的数据，见《世界文化报告 2000》，表 5。

如我们要在第四章看到的，由于好莱坞的成功出口，电影业是全球性文化中最富争议的领域。不过在最近 20 年，中国（包括内地、香港和台湾）、印度、丹麦、伊朗等地也制作了许多高品质电影和获奖电影。非洲电影对多数观众来说还是一块未发现的宝石，欧洲电影则显示出了商业复兴的迹象。好莱坞电影从一开始就依赖于来自国际的灵感，而且它本身就应当被看成美国的世界主义产品。

美国出版的书从没有在国外虚构类畅销榜上拥有过统治地位。在任何时候，美国的书顶多也就能在德国、法国、意大利、以色列、荷兰及英国的前 10 名畅销书榜上占据两到三个名额。荷兰是一个非常小的国家，人口少于 1000 万，但它的多数畅销书都是本国出版的。许多人仍然想读用本国语言写本国文化的书。就算在加拿大，美国的书一般也没能在虚构类畅销榜上占有一半的名额。[1]

从国际角度来看，最有影响力的书并不必然出自今天的最发达国家。世界上最富影响力的书是《圣经》和《可兰经》，它们都不是狭隘意义上的西方产物，尽管前者已经被西方的

---

1 《经济学家》杂志调查了一个时期的国际畅销书情况。Cowen 和 Crampton（2001）提供了相关摘要。

阐释所重塑。

西方文学，以及书店和现代出版社，都在鼓励本土作者。印度的萨尔曼·拉什迪，哥伦比亚的马尔克斯，埃及的纳吉布·马哈福兹，以及印度尼西亚的普拉姆迪亚·杜尔都是世界级的作家，可与欧洲和美国最好的作家相提并论。这些现在已经是世界性的小说传统都直接吸收了西方的文学模式与制度。

显然，第三世界的作者已经成了世界多元文化主义的强烈支持者。萨尔曼·拉什迪把他的作品描绘成赞美混杂与不纯。加纳作家克瓦米·安东尼·阿皮亚相信世界主义能够有益于"植根"（rootedness）意识，而不是摧毁它，而且新的革新形式可以维持世界文化的多样性。泰戈尔在 20 世纪早期是甘地的盟友，他赞成国际贸易与合作而不是搞民族隔离或抵制外国商品。他看到了印度社会在综合东西方文化方面的天赋。在很大程度上，即使是全球化的批评者也已经成为世界性智力文化的产品，深受西方与古希腊的分析和辩论方法的影响。[1]

---

1 关于拉什迪，见 Waldron（1996，pp. 105-109）。也见 Appiah（1992，1998）。关于泰戈尔，见 Sinha（1962），Dutta 和 Robinson（1995）。关于更一般的世界主义思想史，见 Wagar（1963）。孟德斯鸠（1965 [1748]，p. 24）看到了罗马人在综合能力上的天赋。"罗马人成功击败所有人，成为世界之主的主要原因就是，他们一旦找到更好的办法就会立即放弃自己的习惯。"

不利的一面

在文化综合的成功之外，我们也不应当忽视跨文化交流的成本。孟德斯鸠写道："贸易的历史是各民族的交通的历史。各民族形形色色的毁灭，人口的或涨或落，劫掠的时起时息，是贸易史上最重大的事件。"[1]

熊彼特将资本主义生产譬喻为一种"创造性毁灭"，全球性文化正好可以作为例证。文化增长就像经济发展一样，罕有全面同时稳步前进的情况。当一些部门以极快的速度扩张的时候，另一些部门则呈收缩与枯萎的状态。

尽管波利尼西亚人在物质条件上更为富裕了，却很难说他们的文化比 700 年前更富活力。物质主义、酒精、西方技术和基督教已经破坏了波利尼西亚人对文化力量的感觉。在塔希提岛（Tahiti），许多富于创造力的传统艺术在无法向西方兜售或被证明不经济之后，便被遗忘或抛弃了。波利尼西亚文化不太可能消失，但它现在是在西方成就的边缘上跛行。

旅行把跨文化交流的不利面摆到了我们的面前。经验不丰

1　孟德斯鸠（1989 [748]，p. 357）。中译文依据《论法的精神》（下册），商务印书馆，2009 年，第 24 页。

富的游客抱怨他们的同胞"损坏"了各种各样的旅游胜地或者减少了它们的真实性。老到的旅行者为了那些独特的美景，则跋山涉水去寻找还未被开发的景点。经济落后的巴布亚新几内亚被崎岖的山脉所分割，在那里可以找到世界四分之一以上的语言。[1]

就像人的流动一样，商品的流动也可以具有同质效应。电影制片人清楚动作电影是最容易出口到不同国家的。英雄主义、刺激和暴力在不同的文化间没有太大的不同。喜剧因其微妙的对话与文化上的特指性，是最难以向外推销的。因此，全球电影市场对动作电影的鼓励便多过复杂喜剧。为全球市场打造的喜剧更愿意强调肢体类的打闹剧而不是玩机智的文字游戏，因为后者难以翻译成其他语言。当然也有一些很好的动作电影和闹剧，但这些趋向并没有在所有方面提升电影的品质。

来者何如

许多作者根据"批评理论"的视角处理跨文化交流问题。

1　参见"Cultural Loss Seen as Languages Fade"。

他们使用了一组多样化的方法——包括马克思主义、结构主义、法兰克福学派和后现代主义——来批判资本主义和全球化。他们把市场看成是推进霸权、异化，及促使品位（taste）"往下笨"的东西。布迪厄、葛兰西、哈贝马斯和康克林尼（Canclíni）在不同程度上探索了这些传统的各个面向。对于这样多样化（及全球）的知识产品来说，不能把这些思想家简化为单一的公分母。然而，他们都有共同的源头，主要吸收的是欧洲大陆哲学的思想，对由市场驱动的文化持怀疑态度，并受到马克思经济学的影响。

与上面所述相反，我运用"贸易利得"（gains from trade）模型来理解文化交流。从事跨文化交流的个体预期这些交易能使他们过得更好，丰富他们的文化生活，并增加他们的选择可能。就像贸易一般能使国家在物质上更富裕一样，它也同样能使文化变得更丰富。任何关于全球化产生的问题的故事——有一些可信的例子——必须解释为什么这个基础的贸易利得机制会失效。[1]

1　在这方面，我的分析与另一些维护综合或世界主义文化的作者不同。一些社会科学学者，如 James Clifford，Frederick Buell，Ulf Hannerz，Arjun Appadurai 和 Edward Said 已经指出了文化的混血和综合性质，但他们没有把注意力集中于贸易的经齐学是如何塑造这种文化的。

第二章更为细致地分析了贸易利得，展现了财富、技术和跨文化交流是如何推动众多文化繁荣的。接下来的第三、四、五章研究了可能推翻贸易利得观点的三种机制。贸易影响了社会气质（ethos）和世界观；一些商品和服务在地理上的集群生产；以及消费者的思想和对品质的要求发生了变化，这些并不总是朝着好的方向走。这三种机制是反市场思想的关键，因此值得加以重点对待。

我把对全球化的批评转译成各个故事，讲述了个体文化选择在不完美市场的背景下如何可能导致不好的结果。在每个例子中，我都分析了贸易是如何破坏创造力的。我将反全球化的抨击转换成更为系统的论证，并通过对证据的检验来评估控诉的有效性。在做实证检查的时候，我特别关注那些对全球化的批评最为猛烈的领域，诸如电影和手工纺织品。

我并不打算提出一个针对全球文化的"品质"可能由什么所构成的单一解释。观点一致是很难实现的，一个较广的选择菜单的好处在于可以弱化对此的要求。然而，在讨论关于品质文化的实际例子时，我坚持两条原则。首先，如前面所提及的，我把注意力集中在批评者针对乐观主义观点提出了什么样的异议上。其次，在引用成功例子的时候，我所挑选的艺术形式已经经受了广泛的评论，获得了普遍支持。比如，我将法国饮食、波斯地毯、雷鬼乐（reggae music）作为文化成功的一般例子，但并没有赞许这些类型的每一个方面。我没有将时间花在捍卫我所预先给定的审美判断上。相反，我关注的是市场的角色、跨文化交流、推进或鼓励相关的艺术创造。

到最后，对于某个具体的实例是文化枯朽还是文化繁荣，读者一定会有自己的个人观点。我并不期望许多读者会赞同本书所举的每一个成功例子，但是我希望我的总体观点——强调选择菜单的多样性——是有说服力的。[1]

全球化的讨论必然会涉及众多主题。由于我是一个经济学家，处理这些主题的方法跟会该领域的专家有所不同。我研读了每一个领域的相关学术作品，但我的知识核心来源于自己作为一个文化消费者的体验，而不是单一的专业研究。在第五章中，本书以发散而非集中的方式选取主题。人们也应该以同样的方式看待本书。专业化能给科学与学术工作带来极大的好处，但却不适于说明市场经济可能带来的多样化生

1　我的前一本书（1998）在更深的层次上讨论了美学问题；我将它推荐给有兴趣的读者，尤其是第五章。我发现 Hume（1985[1777]），Herrnstein Smith（1988），Danto（1981），Savile（1982）和 Mukarovsky（1970）这些作品特别具有启发性。

产和消费。

我的研究得出了三个初步结论，在本书后面的章节中将有所发展：

文化多样化概念有多重意思，有时会有分歧。

当社会展现出许多种多样性的时候，把多样性说成单一的概念便具有误导性了。比如，社会内的多样性指的是这个社会选择菜单的丰富程度。然而，许多全球化的批评者所关注的却是社会间的多样性。这个概念指的是每个社会所提供的是否是相同的菜单，以及不同社会之间是否变得更相似了。

这两种多样性经常走向相反的方向。当某个社会将一种新的艺术推销到另一个社会时，社会内多样性上升了（消费者有了更多的选择），但两个社会间的多样性下降了（两个社会更相似了）。问题的本质不是多样性的程度高低，而是带来了哪一种多样性。跨文化交流倾向于社会内的多样性，而不喜欢社会间的多样性。[1]

1　Weitzman（1992，1993）发展了一个关于多样性的经济度量方法，但他只考虑了跨社会（或生物单元）的多样性，而没有包括社会内的选择菜单或其他层次较低的概念。

社会间的多样性在某种程度上是一个集体主义概念。它所比较的是一个社会与另一个社会，或一个国家与另一个国家，而不是一个个体与另一个个体，它也并不关心个体所面临的选择。

全球化的批评者通常将多样化与跨地理空间的文化差异观念联系在一起。实际上，个体不必受制于由出生地所决定的命运，能够走向不同的道路，这正是自由概念的核心。但很多多样性的支持者期望能用肉眼看到差异，就像我们跨过美国和墨西哥的边境时所能发现的那样。通过进行集体与加总（aggregrate）层面的比较，以及强调地理空间这一维度，这个要求引出了关于哪种多样性重要这个问题。而另一种多样化概念认为，不同的区域也许会随着时间变得更为相似，但这些区域中的个体则扩大了选择自己生活方式的可能，并在文化消费上拥有更为多样的选择菜单。

通过加速变革的步伐及在每个时代或阶段带来新的文化产品，贸易能够不断地沿着时间增进多样性。如果多样性是更一般意义上的价值，那么我们当然可以相言沿着时间的多样性（diversity-over-time）也是一种价值。但是有很多支持多样性的人批评已往文化的消失，并含蓄地反对随着时间不断扩展的多样性。在最后一章，我将分析为什么会出现这种情况。

有效的多样性（*operative diversity*）——我们能在多大程度上享受世界的多样性——与客观的多样性（*objective diversity*）或存在多少种多样性是不一样的。从某些方面看，这个世界在 1450 年就已经非常多样了，但多数人并没有从中受益。随后，市场非常有效地将世界的各种产品传播开来，虽然同样的跨文化接触也破坏了本土的创造力环境。

> 文化的同质化与异质化不是备择（alternative）或替代的关系，它们会一同出现。

市场增长接连引出了异质化和同质化的机制。市场的一部分更为相似，另一些则变得更加不同。如果我们将视野放宽的话，就可以把大众文化[1]（mass culture）和利基文化（niche culture）看作是互补的。多样性的增长带给我们更多的差异性事物，这其中包括更多的大众文化。

产品差异化和利基市场依赖于特定种类的社会同质。比如，大众文化也为传播针对少量消费者的利基产品提供了基

1　目前国内关于 mass culture 和 popular culture 的翻译较乱，未有规范译法。这里暂时仍将 mass culture 译作大众文化。——译者注

础。杂志广告、邮购和互联网使唱片公司只要卖出 500 张 CD 便可获利。超市书店可以帮助读者邂逅小出版社的产品。更一般地，部分同质化常常为在微观层次上绽开的多样化创造必要条件。列维－施特劳斯注意到："相比起把各方团结起来的状态，多样性的作用在族群间相互分隔时比较小。"[1]

食物市场特别清楚地说明了异质化和同质化之间的关联。连锁餐馆在美国和全球餐饮业中所占的比重在不断提高，从这个方面看，市场变得更为同质化了。同时，外出吃饭的增长导致了包括快餐、鹅肝或泰国甜点在内的各种食物的扩张。美国的郊区和城市提供亚洲、拉丁美洲、非洲和欧洲的各种食物，以及"混合"的烹调风格。高雅与低俗的饮食文化之间是互补而不是相互替代的。巴黎和香港都是高级饮食的中心，也都拥有世界上最繁忙的必胜客店铺。[2]

最后，尽管跨文化交流会改变和破坏每一个它所接触

1　Lévi-Strauss（1976, p. 328）。19 世纪后期的社会学非常关注差异化和同质化的过程；见 Pareto 和 Weber 的工作。Shils（1981）的著作是该传统在 20 世纪的延续。

2　Pillsbury（1998, p. 183）。关于必胜客，见 *Harper's*，November 1994, p. 11。关于全球食物多样性通过贸易而增加，见 Sokolov（1991）。

的社会，但它也会支持革新与有创造力的人类活力。

如我在最后一章会强调的，跨文化交流会带来无法加以科学解决的文化冲突。因此，不管多么全面的调查都无法提供关于文化全球化的最终评估。整个世界拥有了更广的选择菜单，但老的综合文化必须让位给新的综合文化。各个国家会分享更多的共同产品。为了接受世界上的文化财富，以及能够向外推销自己的产品，一些区域会失去他们的独特性。并不是所有人都会喜欢这些事实。

除了这些权衡之外，对跨文化交流的怀疑有许多在本质上是与多样性无关的。多数当代文化的批评者不喜欢特定（particular）倾向，通常这些是和现代性或更一般的商业主义相联系的。他们往往把多样性当作一个代码，用在具有反商业或反美性质的特定议程上。他们更关心的是与他们所热爱的特定文化形式相关的多样性，而不是更一般意义上的多样性、选择自由或广阔的质量选择菜单。

为了回应一般的悲观主义态度，我描绘了一个关于跨文化交流的更为乐观和世界主义的观点。令人吃惊的是，市场的"创造性毁灭"从其字面意义上看是一种艺术。它在许多不同的类型、风格与媒介中创造出了创新和高质量的作品。此外，至少在允许贸易和市场繁荣的情况下，有强烈证据表面跨文化交流可以扩展选择菜单。[1]

　　然而，合理的世界主义必须是非常审慎的，而不是基于肤浅的亲全球化标语或为天下大同呐喊助威。在整本书中，我们会看到当不是所有个体都持世界主义态度的时候，这个世界往往会更具创造力。一定量的文化特定主义（particularism）与真正的地方主义如果能同时在生产者和消费者身上出现的话，对艺术是有好处的。全球化的改良能力在某种程度上依赖于潜伏的特定主义和反自由主义态度。理论上的"正确"态度并不必然会将创造力最大化，这说明当人们并不彻底相信世界主义或将它转化为社会意识的时候，世界主义文化才会处于最佳状态。

1　这一段中的某些措辞，我受惠于 John Tomasi，当然他不需为这里的用法负责。

第二章　全球文化优势：财富和技术的角色

　　贸易的经济特性为文化的世界主义视角提供了自然基础。艺术消费者和艺术生产者彼此需要对方，以满足自己的创造性欲求。当需求者和供给者在市场上走到一起的时候，贸易利得便出现了。双方通过交换不一样的东西实现共同利益。交换的概念表明了初始禀赋或欲望的不同，当然也包括文化差异。

　　技术与财富是今天全球市场最为显著的两个特征，它们帮助推动了这些跨文化贸易关系。从供给面看，技术使艺术家拥有了将创造性想法转换为可销售的产品的新方法。在许多现代技术当中，印刷机、电影摄影机、丙烯涂料和电吉他等令世界艺术受益。"低技术"的革新，包括金属雕刻刀、机制纺线、声学吉他，其重要性也不遑多让。

　　从需求面看，财富创造了资助小众艺术作品（niche creation）的购买力。西方消费者已经为许多穷国的充满活力的艺术形式提供了支持，它们包括海地的巫毒（voodoo）艺术、牙买加的雷鬼乐以及澳大利亚土著的绘画作品。一个庞大而富裕的全球市场通过销售创作者的作品为作者创造了许多机会。

　　最一般地来说，技术与财富支持艺术网络（art networks）的进化，这种进化通常是与其他社会制度如家庭、宗教和习惯行为（customary practice）等共生的。艺术网络这一概念涉及的是在有利环境的复杂结合之上的大规模创造性成就。艺术的黄金时代到来之后，社会结构中的互补部分就会沿着时间相互融合，直到磨合出合适的环境。在更为狭隘的经济背景上，拉奇曼[1]（Ludwig Lachmann）创造出了术语"资本互补性"来指称可以增加彼此价值的资本货物。在创意高涨的时代，一个社会的风气、物质技术和市场条件会以累积的方式共同作用，创造和支持多产艺术家之间的交流。

　　个体在看电视、听广播，或去当地沃尔玛超市购物的过程中，能充分认识到技术为世界消费者带来了更广的选择菜单。

1　著名奥地利学派经济学家。——译者注

在运用贸易利得模型的时候,我所关心的不是技术和财富如何刺激经济上欠发达国家的文化生产。技术除了能推进一个社会内部的选择菜单之外,也常常使每个社会的"创意能量"的来源更为丰富。

下一章会讨论到,如许多全球化的批评者所指出的,贫穷文化(poorer culture)往往极易受技术影响。当一个文化的整体要比各部分之和更大时,某个部分的脱离也许会给整体带来伤害。互补性暗含了每个部分都依赖于其他部分。我们不应忽视这个事实的警戒意义。

然而,本章主要讨论互补性的有利面,证明关于文化脆弱性的逻辑也可用于说明一个文化如何以及为什么能变得非常有活力。互补性表明一个文化能以往往非常激烈的方式积极地回应新的理念与技术。在拼图版上增加一块,能使其他几块更有价值。外来文化采用新的理念与技术的方式往往是他们的贸易伙伴绝对想不到的,这正是本章的主题。

城市,以及扎伊尔音乐

从古典时代到意大利文艺复兴到巴黎再到中国、阿拉伯和已经消失的前西班牙文明，许多文化网络都是在城市中繁荣起来的。城市聚拢了买家，混合了文化影响，并扶持关于供给和培训的密集、竞争性网络。城市集聚了可为艺术提供高度专业化服务的资源。

今天，许多穷国已经有了非常大的城市，这些城市的形成通常是由于偶然的原因和移民而非有意的设计。不论这些城市带来了多少社会成本，又是如何脱离当地国情，它们毕竟为音乐、文学、电影和视觉艺术方面的创新播下了种子。它们将不同的种族（通常来自农村地区）、来自富裕国家的理念与技术，以及进行移民和旅游的中产阶级与富裕消费者融合到了一起。当然，现代城市依赖于交通、电气化以及与外部世界的贸易。

扎伊尔（现在的刚果民主共和国）音乐提供了城市如何通过吸收和组合外来影响而刺激文化的一个例子。如果第二次世界大战后的非洲存在一种主导性音乐的话，那必然就是扎伊尔的舞蹈音乐。用一位评论者的话说，这些音乐家将"跳式小军鼓节拍，跟在明亮、流畅的主唱后面的紧凑、甜美的协调合唱，以及（最重要的）著名的层层交织的吉他和声"结合了起来。[1]

---

1 见 Sweeney（1991, p. 49）。G. Stewart（200）提供了权威的扎伊尔流行音乐史。

　　这些音乐不是土著部落的产物，而是依赖于矿产资源、资源流动性与电气化。扎伊尔流行音乐的根源可以追溯到 20 世纪 20 年代，当时劳动营、矿镇、铁路公司和兵役将许多来自不同部落的人第一次聚到了一起。其他工人则来自中非、尼日利亚、象牙海岸、喀麦隆、莫桑比克、马拉维以及西印度群岛、中国内地和澳门。最重要的是，这个混合在扎伊尔及与其直接毗邻的刚果，都是发生在兴起的现代城市中。尤其是，利奥波德维尔（现在的金沙萨）和布拉扎维已经变成了去部落化（detribalization）和文化适应（acculturation）的中心。尽管曾经的扎伊尔已经分崩离析，但在这个世纪的绝大多数时间里，它是非洲最富裕的一块地方，主要是由于它的矿产资源非常丰富。[1]

　　非洲、西方和加勒比海的影响混合在了一起。创意艺术家们从那时汇聚于扎伊尔的各种文化中吸取节奏与风格。新出现的贸易语言林加拉语（Lingala）成了新扎伊尔音乐的主要语言。表演者试用了拇指琴（thumb piano）、鼓和瓶打击乐器（bottle percussion），这些是当时非洲音乐的常用工具。声学

1　关于城市化和混合，见 Bokelenge（1986），Kazadi（1973），Mukuna（1979-1980），Mukuna（1980）和 Almquist（1993，p. 75）。

吉他和后来的电吉他，以及萨克斯管、喇叭、单簧管和长笛变得流行起来了，它们没有一种是原产自非洲的。[1]古巴人的音乐，尤其是颂乐（Son）、曼波乐（Mambo）、恰恰舞（Cha-Cha）、比吉纳（Biguine）和波莱罗舞（Bolero），随着第二次世界大战进入了扎伊尔。这个过程在20世纪50年代得到了加速，当时电台和旅游船将古巴风格传播到了整个东非和中非。没电的时候，扎伊尔的人们总是用手摇来播放每分钟78转的古巴留声唱片。美国的节奏布鲁斯音乐也以同样的方式被带进了扎伊尔，成了非常有影响力的乐种。来自希腊的移民针对扎伊尔的音乐明星开设了许多音乐工作室。[2]

在战后年代里，扎伊尔已经一跃成为非洲的音乐首都。露天的"刚果酒吧"在金沙萨已经成了很普通的地方。那些并非为非洲人所开设的饭店和歌舞酒店（cabarets）也开始雇佣扎伊尔音乐团体进行晚会表演。Matonge区在音乐季中每天24小时都很忙碌。在电台上，新的扎伊尔流行风格替代了传

1　见 Barlow 和 Eyre（1995，p. 26）。

2　关于古巴音乐向非洲的传输，见 Menasah（1980，p. 187），Santoro（1993），和 Ewens（1991，pp. 56，129）。Botombele（1976，pp. 32-33）和 G. Stewart（2000）更一般地讨论了对扎伊尔音乐的影响。关于收音机，见 Harrev（1989，p. 109）。关于希腊人的角色，见 G. Stewart（2000）。

统的非洲音乐。到 20 世纪 50 年代中期，使用电池的晶体管收音机非常普遍，它成了传播音乐的主要方式。20 世纪 40 年代晚期已经有一些录音工作室冒了出来；到 1955 年，他们已经发行了 5000 张专辑。这是 Wendo、Bosco、Malapet、Essous、Jhimmy、Franco 和 OK Jazz 及 Joseph Kabaselle（Le Grande Kalle）的时代。"伦巴"风格可以追溯到这个时期。扎伊尔音乐出口遍及整个非洲，在西非销售强劲，并横扫了肯尼亚、乌干达和坦桑尼亚等地，而且它的影响力一直维持到了今天。[1]

扎伊尔只是一个典型的例子而已。至少从第二次世界大战时期开始，从塞内加尔到加纳再到南非，非洲国家已经成了音乐创意的温床。在这些例子中，城市都是混合西方和"本土"影响（通常是一种独特的部落性质）的发源地。部落团体最初的理念和灵感为了获得外部市场已经被商品化，转化成了新的综合形式。最终形成的产品同时赢得了商业成功和评论家的喝彩。

更一般地，经济上的穷国运用西方艺术和现代城市推动了文学、电影和视觉艺术等诸多领域的大量革新。非洲电影大

---

1 见 Kazadi（1971），Graham（1985），Almquist（1993, p. 75），Barlow 和 Eyre（1995, pp. 26-27），Wallis 和 Malm（1984，p. 32）及 Roberts（1972，第 9 章）。

量吸收了部落讲故事的传统，在保持了电影媒介许多特点的同时，显得比多数西方电影更善于叙事。第三世界艺术家已经用丙烯画、油画和现代雕刻材料将本土的灵感传达给新受众。印度小说结合了诸如狄更斯、《可兰经》和印度宗教史诗等多种来源，并再次借助现代西方制度，将作家的灵感转换为商业上可行的产品。

新世界文化大爆炸

20世纪不仅给美国和加拿大，也给多数新世界带来了文化爆炸。墨西哥、巴西、古巴和海地等地已经从文化死水区转变成了具有全球影响力的生气勃勃的创造力中心。

新世界的创造力一般兼有综合与商业的特性。生活在与巴拿马东海岸相隔的圣·博纳群岛上的古纳印第安人创造性地使用了西方技术与材料。在与西方接触之前，古纳人有高度发达的宗教和宇宙论、强烈和独特的气质，以及当地的人体绘艺术传统，但他们缺乏适合的媒介来全面发展他们的创造性能力。

古纳艺术后来的发展严重依赖于和富裕地区的贸易。现在的 mola 艺术是最为著名的古纳文化创新；在古纳印第安语中 mola 的意思是女士衬衫，但更一般的，mola 是指有着鲜艳色彩设计的轧棉编织品。mola 是在 19 世纪作为画布的副产品而演化出来的，而后者可能是古纳人在 18 世纪从法国胡格诺派教徒（Huguenot）身上学来的。欧洲人后来的接触则带来了人造布、金属缝纫针和剪刀，这些使得生产 mola 成为可能。从那时起，mola 制造者将产品卖给来巴拿马旅游的游客或游览圣·博纳群岛的游船，已经能够自给自足。

mola 这个故事代表了多元文化的传统。mola 上所绘制的不仅有当地生活和民族神，还有足球明星、基督教圣徒、巴拿马运河、旅游船、直升机和太空船等外来主题。mola 上的文字来自彩票、腰带扣或罐装豆。和 mola 一样，古纳人的衣服也是高度国际化的。他们的织布来自哥伦比亚和中国，他们的红色与黄色棉头巾来自日本，他们的项链铸造源自巴拿马、哥伦比亚和美国，而他们的手珠则源自捷克斯洛伐克。[1]

第二次世界大战以后，加勒比海已经成了世界上最有创意和活力的地区。财富和技术使得这些国家能够将非洲、拉丁

1　见 Kapp（1972，p. 1），Salvador（1976，p. 171），Mathews（1998，pp. 10-13）和 Weatherford（1994，p. 197）。关于古纳印第安人更一般的描述，见 Puls（1988）和 Howe（1998）。

美洲、印第安土著、亚洲、欧洲和北美洲的各种影响融合成一个完整的整体。

特拉尼达钢鼓乐队从跨国石油公司获得了他们的工具：50加仑的油桶。美国军队在第二次世界大战的时候将大量油桶带到了岛上，并在战争结束之后抛弃了它们。一开始，特拉尼达钢鼓乐队的艺术家在西班牙港[1]的平民区，尝试用饼干罐、涂锌罐、来自屠宰场的金属罐、平底锅、苏打桶、车轮圈和汽车底盘进行演奏。当可以用这些金属器具的时候，"当地"的竹制打击乐器就被抛弃了。竹制乐器不能发出同样的声音变化，而且寿命也更短，因为它们经受持续性敲打的能力有限。第一批全金属乐队在20世纪30年代后期非常活跃。

在这项艺术的萌芽期，技术进步已经非常频繁了。但只有当人们发现了油桶的美妙声音之后，金属乐器才得到了充分改进。钢鼓乐队音乐家们学会了如何敲打不同尺寸、形状和合金成分的桶。他们切掉桶的头，在表面制造了一系列凸起，每个都对应于所期望的音符。早期的钢鼓经常走调，但是随着做面板的人通过实验掌握了声学法则之后，他们将制作面板变成了一门科学。使用油桶可以允许一个面板上有更

1　特拉尼达和多巴哥国的首都。——译者注

广、更准确的音调，以及有更长维持时间和各种共振的音调。钢鼓乐队吸收了木琴管弦乐队（在早期有影响）的基本理念，同时用金属创造出更为明亮的声音，并能表现音高和起声更为宽广的变化。[1]

钢鼓乐队也吸收了其他有国际影响力的音乐，尤其是印度tassa鼓队。钢鼓乐队的形式、乐队主唱与和声之间的关系、饼干罐的使用以及用鼓（pans）来改变音高的做法都是受到印度传统的影响。印度人和穆斯林社区在西班牙港的圣·詹姆斯地区势力很大，各种音乐传统在那里相互混合、彼此影响。[2]

讽刺的是，在特拉尼达，西方古典音乐作为真正的流行艺术广受欢迎。钢鼓乐队表演过从西方流行调子到原创作品的许多种音乐，但古典作品一直很受欢迎。钢鼓乐队非常成功地演奏了巴赫、莫扎特、亨德尔、施特劳斯、柴可夫斯基等人的音乐作品。一些特拉尼达人批评钢鼓乐队表演欧洲人的音乐，但乐队无视于这些批评，致力于吸引尽可能多的听众。

dub乐是牙买加音乐中影响最大的一种，它构成了当代电

---

1 关于油桶的有利之处，见 Stuempfle（1995，p. 41）。关于金属的发展，和更专业的油桶方面的论述，见 Nunley（1996，pp. 133-136）。关于木琴的影响，见 Stuempfle（1995，pp. 248-249n）。

2 见 Stuempfle（1995，p. 40）。

子乐、techno 乐和锐舞运动的基础。作为雷鬼乐的一个分支，dub 是金·图比（King Tubby）在 20 世纪 70 年代早期所探索的乐器电子乐的一种早期形式。dub 运动使雷鬼乐——多声道录音、回声、加录——走上了轨道。牙买加 dub 乐制作者彻底解构了歌曲、把它们拆成各个部分、强调器乐部分、放慢拍子、用回声将声音传播开，并改变节奏。一开始，dub 是将 A 面的雷鬼乐单曲在 B 面进行器乐混录；由于 A 面通常卖单曲，因此音乐家能够对 B 面加以利用。不久以后，完整的 dub 专辑就面世了。可以确信技术将会击败本土文化，问 35 年前的任何一个人：有谁会预料到加勒比海的一个小岛会变成实验电子音乐的世界领导者？[1]

加勒比海音乐更一般地展现了技术的重要性。交通与电子复制技术使得第三世界与当地艺术家能够向西方消费者推销他们的产品。

出色的牙买加音乐家将产品售给相对富裕的国外听众，尤其是美国和英国消费者。在 20 世纪 60 年代末，英国是牙买加音乐的最大单一市场，美国市场的重要性则与日俱增。

1　关于雷鬼乐的根源，以及不同的牙买加风格，见 Hebdige（1990）和 Bergman（1985，第 1 章）。

雷鬼乐是最出名的类型，但牙买加人还创造了 mento，ska，rocksteady，rasta，raga，dub，dance hall 和 lovers' rock 等音乐种类。金斯敦[1]（Kingston）有数以百计的音乐工作室，牙买加的唱片公司比英国还要多。[2]

20 世纪 50 年代是古巴音乐最有活力的时期，同时也是古巴向外部世界开放程度最高的时期。这个时期的古巴按加勒比海标准是相对富裕的国家，在拉美仅次于阿根廷。古巴的城市有大量的百货公司、便宜商店、现代的超市、冰淇淋店、美国汽车以及首轮放映的美国电影。这个时期通过像 Celia Cruz，Beny Moré，Cachao，Pérez Prado，the Trio Matamoros，the septet of Ignacio Piñeiro，the Orquesta Aragó，Guillermo

---

1　牙买加首都。——译者注

2　关于英国市场，见 Bradley（1996，p.101）。尽管牙买加是一个人口少于 300 万的小国，牙买加风格却对美国和英国音乐有巨大的影响。Paul McCartney（"C Moon"），The Clash（所有作品），Blondie（"The Tide is High"），The Police 和 Paul Simon（"Mother and Child Reunion"）都吸收了雷鬼乐的元素。美国饶舌乐背后的推动力多半来自牙买加的 "toasting" 音乐。雷鬼乐对非洲和其他加勒比海国家的音乐也有很大影响。牙买加 DJ 的影响在 20 世纪 70 年代后期和 20 世纪 80 年代变得很突出，当时 DJ 在放唱片的时候加上了自己的评论。许多早期的说唱艺人来自牙买加，并为美国市场对这种风格进行了调整。Kool Herc 去了金斯敦的南布朗克斯区，从牙买加 DJ 身上获得了自己的风格。说唱艺人也受到雷鬼乐 "toasting" 的影响，这是一种伴着粗犷的节奏半歌半吼的 DJ 风格。见 Costello 和 Wallace（1990）。

Portabales 和 the Sonora Matncera 等音乐明星，将古巴音乐传统带到了顶峰。近来极其畅销的 CD《乐满哈瓦那》（*Buena Vista Social Club*）便大量吸收了老一代古巴音乐家的成果。

古巴发展出这样一个高级的音乐网络，部分是因为它非常"美国化"。资本家的财富资助创造了新古巴音乐的大乐队、跳舞俱乐部、音乐厅。那时去古巴的大量美国游客也热心地支持古巴音乐。古巴的唱片往往在美国发行。

古巴的大众媒体将音乐探险也推广给了本地的古巴受众。接近 90% 的古巴家庭有收音机，而且尽管古巴人口很少，却有超过 20 万台电视机，排世界第九。这些媒体为古巴的表演人员提供资金，并把他们推销给更大数量的观众。此外，古巴方便的场所和媒体文化使得艺术家们能够接受西班牙、北美和非洲的影响。[1]

古巴音乐的商业成功也依赖于古巴的文化帝国主义以及借助现代技术进行音乐出口。以萨尔萨舞（salsa）为代表的

---

1 关于古巴大众媒体的角色，见 Manuel（1988，p. 33）。一开始有利的文化混合也是有帮助的。古巴音乐和非洲有特别强的联系。虽然奴隶制在别处已经被废除了，但古巴迟至 19 世纪 70 年代还在进口大量的奴隶（巴西要迟至 19 世纪 80 年代）。非洲的影响不断地帮助古巴音乐在后来的发展，增加它的节奏复杂性和情绪动力。这种非洲关系为后来古巴音乐家的创造提供了基础。

国际拉丁音乐立基于古巴跳舞音乐，而且古巴的影响已经有力地塑造了波多黎各和多米尼加共和国的音乐文化。海地的compas 音乐深深地根植于古巴。如前面所指出的，在 20 世纪的大部分时间里，古巴音乐在东非和中非有着支配性的影响。古巴借助这些市场来资助和改进它的本土音乐风格。[1]

富裕买家和贫穷供给者之间的配对也有助于视觉艺术的繁荣。早期的海地视觉风格源于非洲和巫毒文化，但其他外来影响也非常重要。海地绘画艺术与早期法国的民间艺术、稚拙艺术有着神秘的类同之处，而我们只能对可以找到的联系表示惊奇。

在 1943 年之前，海地的绘画艺术还在世界上默默无闻，那时美国指派了德威特·彼得斯（一位水彩画画家）去太子

1　讽刺的是，卡斯特罗政权的一些政策保护了这些资本主义音乐形式的品质。（一些）音乐家成了极少数可以为私人企业工作并保有收入的人。因此音乐成了一项相当有利可图的职业，并继续保持着较高的社会地位。在美国禁运的协助下，古巴共产主义有少量的经济增长，并完好地保留了早先的文化气质。古巴就像是历史博物馆，有着老式汽车和装饰派艺术的建筑。全球化水平的低下阻碍了它的发展，但也保护了早期古巴音乐不受腐化，或被美国大众市场所改造。因此古巴音乐（尽管不是古巴的）兼有两个世界的好处。全球化使其获得了发展，而现在的相对封闭又保护它不致走上同质化的道路。古巴仍然拥有世界上最富裕的音乐文化，尽管它的经济是个失败。

港[1]（Port-au-Prince）教英语。彼得斯很惊讶当时海地没有一家独立的美术馆。他建立了一家艺术中心（Centre d'Art）以鼓励海地人的创造性。依波路特（Hector Hyppolite）是最知名的海地艺术家，他在 20 世纪早期靠为驻扎当地的美国舰队画"明信片"开始自己的艺术生涯。后来他给房子、广告牌和装饰家具作画。彼得斯在 1943 年发现了他。当时彼得斯看了依波路特在太子港北部小村庄所绘的一扇酒店大门。在 1944 年，彼得斯从费洛梅·奥班（Philomé Obin）那儿买了一幅画，并为他减轻经济负担；奥班后来成了海地画坛的领袖。奥班本来是海地角的一个出纳员，但后来对艺术发生了兴趣。班诺特（Rigaud Benoit）是出租车司机，彼得斯被他绘的陶瓦罐所吸引，也资助了他。后来，他成了整个海地最著名的艺术家。杜福（Préfète Dufaut）一开始是在他自己的小屋墙上画几何壁画。只是在看到了当时住在海地的一位美国记者的画后，他才开始发展自己的风格。[2]

从那时起，来自欧洲与美国的大量外国顾客在不断地资助

1　海地首都。——译者注

2　Rodman（1948, pp. 4-9）。关于明信片，见 Rodman（1988, p. 49），见 Rodman（1948, p. 60）关于依波路特的门的描述，及 Rodman（1988, p. 71）和 Rodman（1961, p. 98）。

与宣传海地的稚拙艺术。多数早期海地的重要画家都从美国游客、访问者或定居者那儿得到了创业鼓励、经济支持，或艺术素材。美国作家罗德曼（Selden Rodman）帮助计划、组织和资助了太子港三一教堂的巨幅壁画，它通常被认为是海地艺术运动的高峰。教堂的建成依赖于美国慈善家文森特·阿斯特女士的捐款。[1]

其他的巫毒艺术，如巴拉（Pierrot Barra）所创作的洋娃娃和"巫术板"（mojo board），使用了从太子港垃圾堆所淘来的被弃美国玩具和洋娃娃。巴拉和其他巫毒艺术家还用了镜子、装饰性金属片（sequins）、缎子和旧车零件。海地巫毒旗现在是海地非常热门的艺术形式，它的最初设计来自18世纪的法国军旗。金属片后来成了巫毒旗中非常重要的部分，一开始它是来自一家被弃的美国金属片厂。Antoine Oleyant是最优秀的巫毒旗制作者，他在早期受到了拥有半美国、半海地血统的摇滚明星摩尔斯（Richard Morse）的资助，后者拥有

---

1 关于海地绘画的起源，见 Danticat 和 Demme（1997，pp. 23-24）和 Rodman（1948）。关于 Lam 和 Breton，见 Rodman（1988，p. 49）。关于游客购买与教堂，见 Rodman（1948，pp. 4-5，9，93）和 Rodman（1982，p. 123）关于阿斯特女士的论述。关于在早期美国人对海地重要画家的支持，见 Rodman（1988，pp. 49，71；1948，p. 60；1961，p. 98）。

Olafsson 旅馆并在那给 Antoine 工作室安排了地方。

　　摩尔斯还帮助该岛发展自己的音乐文化。摩尔斯的乐队 Ram 成功地发行了唱片，并促进了人们对海地巫毒艺术和拉拉（rara）乐的兴趣，后者是在狂欢节之后用号角吹奏的。摩尔斯也帮助海地的顶尖乐队 Boukman Eskperyans 步入音乐市场。这个团队开创的"巫毒击打"风格，重新将巫毒鼓引入了海地流行音乐。这些团体并没有"腐化"海地音乐，而是恢复了人们对某些古老传统的兴趣。[1]

　　不管在什么地方，创作天赋都有相当部分是在借用别人的观念或寻找他人援助的时候出现的。海地的视觉艺术展现了海地人作为综合者的天赋，跟我们在富裕国家发现的没什么不同。

保存和扩展往日的文化

　　财富和技术不仅会带来新的文化，它们也会帮助文化保存和扩展往日的辉煌。多数穷国的艺术和音乐产品通常并不能

1　关于摩尔斯，见 Sweeney（1991，p. 214）。作者也采访了摩尔斯。

持久，只是用于当前罢了。当财富稀少、技术缺乏，以及短期生存的压力极大的时候，缺少持久性并不令人奇怪。然而，西方的技术已经能够使许多文化产品保持并传播给更大的受众群。

音符——一个在本质上属于西方的概念——帮助保存了许多不然就会消失或者面目全非的非西方音乐。阿拉伯和波斯世界的许多音乐家和学者热情地使用音符，他们知道即使没有西方的影响，他们的音乐也处于不断的流变之中。原本会随着岁月流逝的作品现在可以保存下来并为未来的音乐家们所用。

廉价的卡式录音机让观众能以很低的价格欣赏到艺术家的作品，支持了许多第三世界的音乐。盒式磁带的生产只要有少量（有时是几百名）忠实的热情追随者就可盈利。在印度尼西亚，盒式磁带音乐的传播始于20世纪70年代，它支持了许多被政府控制的电台所排斥的传统音乐和流行音乐。在印度，盒式磁带复兴了当地的音乐传统。企业家现在生产有地区风格或用地区方言演唱的盒式磁带音乐。相反，孟买和马德拉斯的电影音乐满足的是大众喜好，而且歌曲主要用传播范围较广的语言歌唱，如印地语（Hindi）。相对于电台，盒式磁带可以分散是否支持某种音乐的选择，并推进艺术生产力。[1]

技术在支持本土创造力的过程中通常扮演了隐藏的角色。看上去跟现代技术无关的艺术形式事实上往往有着很强的依赖性。

蒙古的图瓦族喉音歌手（throat singer）唱歌的时候会在喉咙底部发出共振。歌手可以不依赖于任何物质技术同时发出两种声音，造成一种泛音的效果。我们不知道图瓦人的这种唱歌方式已经延续多长时间了，但因为各种爱斯基摩部落（他们跟图瓦人有亲属关系）都会这种唱法，它应该有古老的起源。乍看起来，这种活动跟物质技术没什么关系，但事实上唱片和电台为喉音唱歌提供了重要支持。斯密森博物院的一个团体去了图瓦地区，制作了许多获得高度评价并利润可观的唱片。因为唱片的成功，年轻的图瓦人对学习喉音歌唱更感兴趣了。通过扩大市场的规模，唱片刺激了图瓦革新音乐和保留传统方式，当然它不是这个例子中唯一重要的技术。

1　关于盒式磁带如何影响第三世界的音乐，见 Manuel（1993），Hatch（1989）和 Sutton（1985）。在盗版猖獗的时候，主流艺术家是未经授权复制的最大受害者。少数派文化一开始并不会有大量的受众。磁带可以方便地携带、运输和直接传递，能帮助音乐绕过政府的审查和控制。在许多发展中国家，唱片工业、电影工业和广播站要么被政府控制，要么被跟政府有密切关系的公司所把持。盒式磁带音乐可以绕过这些限制。

图瓦人从空中旅行、抗生素和西方游客耐用的步行鞋中都得到了间接的好处。最近美国有一部关于图瓦族喉音歌唱的电影 *Gengis Blues*，可能进一步扩展了该类型的流行程度。[1]

富裕国家能负担艺术吗?

有种抱怨说，财富对许多种艺术形式来说是件坏事。当穷国开始走向富裕与商业化的时候，艺术家和工匠们就会放弃他们的创造性努力。这里的逻辑是很明显的：毕竟，当眼前有新的工厂能提供一天两美元的工作时，为什么要当一天只赚一美元的手织工呢?[2]

事实上，经济增长的结果通常是将创造性活动再分配给动态与不断增长的艺术部门，而不是谋杀艺术。在 20 世纪，各个穷国激发了创造性的艺术、音乐和文学。给定足够的时间，

1　见 Weatherford（1994，pp. 252-253）。

2　William J. Baumol（及合作者）的作品提供了这种悲观主义论调的可能解释。Baumol 的"成本病"观点已经随着时间得到了改进，但它的早期形式预言经济增长将会引起表演艺术萎缩。关于这个问题的较细分析，见 Cowen（1996，1998），以及 Cowen 和 Grier（1996）。

所有创造性类型都会走向衰落，但总体格局应该是不断变化与充满了成功故事。

悲观主义批评有时过于狭隘地集中在创造性过程的单一面向上。传统的非洲鼓乐也许慢慢衰落了，但它被许多使用声学吉他与电子吉他的创造性非洲城市音乐所替代。现代印度建筑无法与泰姬陵相比，但是那儿的电影、音乐、烹饪和设计非常繁荣。较全面的故事是，一个穷国在富裕起来的过程中不断发展新的风格、方法和类型。

只有在部门的生产过程是固定的并依赖于简单人力劳动时，高工资才会将创作者赶出这个部门。这些假设看上去适用于理发、擦鞋或卖淫等行业。这些服务在穷国要比在富国多，而且服务的品质也更好。但这些假设对多数创造性艺术生产来说是不正确的。事实上，多数形式的创造性活动依赖于革新、产生与分配的复杂网络。生产网络越复杂，新技术就越可能用在有效的地方上，财富和技术也就越可能带来创造性繁荣。

纺织品

商业主义和市场已经为手工纺织品带来了还未受到重视的

好处。我们从波斯纺织品开始，按西方标准这是最为重要和"古典"的纺织品。然后去看看东印度群岛和美国印第安人的纺织品，它们是关于市场和全球化的两个最为困难的例子。

波斯

波斯编织拥有古老的起源，但波斯地毯的第一个黄金时代是在沙法维（Safavid）帝国时期（1499？—1722）。在那个时候，波斯政治稳定、经济繁荣。从书法到伊斯兰细密画（Islamic miniature）到织毯，各种艺术都有迅速的发展。

波斯地毯将城市和农村文化结合成一个更大的创造性整体。农村文化带来了编织和设计的基本技术。城市文化则对此加以改进，改良技术，并从插图手抄本、陶器和绘画当中汲取灵感。蒙古和中国的传统尤为重要。[1] 这种城市—农村的综合在 15 世纪末大致定形。此时，地毯编织不再是纯粹的游牧民间艺术，建立了城市商业关系。

主动式营销帮助地毯制作者招来了外国买家。欧洲买家在

1　见 Bennet（1996，p. 41）和 Helfgott（1994，p. 53）。

16 世纪晚期和 17 世纪的时候非常重要，但到那时为止，多数出口品卖给了奥斯曼帝国和印度。大多数沙法维地毯瞄准的是市场中的奢侈品部分，这也部分说明了产品的品质为什么如此之高。[1]

波斯地毯制造业事实上是文化帝国主义的一种积极形式。外国地毯制造者被迫改进他们的产品以迎接波斯人的挑战，这激发了许多世界上最为成功的制毯传统。波斯织品引起了邻近地区制毯业的革命性变化，包括土耳其斯坦、高加索和印度（见下文）。接触波斯产品之后，欧洲人也开始制作栽绒地毯（knotted rug）。波斯作品开始经常出现在戴克（van Dyck）、弗美尔、鲁本斯和委拉斯凯兹等人的画作中。许多地毯通过亚美尼亚商人的国际丝绸贸易活动到达了欧洲。[2]

1　关于波斯地毯的兴起，Helfgott（1994）的作品是最好的一般性读物。J. Thompson（1988）提供了一个关于工场组织和市场的奢侈品生产的非常好的概述；关于后者见第 152 页。关于优质工场相对小的影响力，见 Helfgot（1994，p. 53）；关于欧洲买主的增长，见第 55 页。那时，外国买主在土耳其扮演了一个甚至更为重要的角色。16 和 17 世纪土耳其的生产繁荣在很大程度上是受到向欧洲商人和贵族出口的驱动。许多这个时代的土耳其地毯被叫作"洛托"和"荷尔拜因"，因为它们非常频繁地在洛伦佐·洛托或汉斯·荷尔拜因的画作中出现。见 J. Harris（1993，p. 120）。

2　Helfgott（1994，pp. 56-59，63）。

　　然后，从 17 世纪后半期开始，波斯织品的数量和质量突然下降。出于复杂的历史原因，波斯四分五裂，而且地毯的国际和区域贸易网络也崩溃了。到了 19 世纪，波斯制毯业很少再有活跃的交易了，最好的波斯地毯制作技艺已经失传。[1]

　　主要是由于与较富裕的西方的接触，波斯地毯在 19 世纪杀了一个回马枪。这其中有部分原因是受工业财富积累的驱动，那时的欧洲和北美买主恢复了对这项艺术的热爱。

　　复兴始于古老的波斯地毯在欧洲和北美的国际展览会上亮相之后，首先是 1873 年的维也纳世界博览会。当美国和欧洲的地毯销售商定期从波斯进口纺织品之后，地毯销售很快就传播到了西方。高品质的百货公司，如伦敦的 Liberty 或纽约的 W. J. Sloane，为他们的买家购入波斯的手结地毯。在美国的农村地区，旅行商在旅馆大厅和家具店搞展览。1892 年南肯辛顿博物馆（现在的维多利亚和阿伯特博物馆）购买现在很

1　见 P. Baker（1995，p. 144）和 Helfgott（1994，pp. 14，72-79，89）。阿富汗人 1772 年的入侵是波斯的最低潮，后来引入了一些新事物，但是潜在的问题一直带到了 19 世纪。强盗和腐败的政府官员危害私人产权的安全，并使投资变得风险极大。17 世纪欧洲阻碍制成品进口的重商主义政策也伤害了波斯制毯业。英国和荷兰通过它们不断增长的对经由波斯湾和印度洋的贸易的控制力，将这些政策黏合了起来。东欧贵族是波斯市场的重要需求来源，由于本身的经济问题他们削减了购买数量。英国也开始从印度购买纺织品。

著名的沙法维"阿尔达比勒"地毯，花了当时空前的 2500 英镑，确认了它的高雅文化地位。在第一次世界大战时期，成千上万的买家已经进入了市场。[1]

大不里士（Tabriz）商人领导了 19 世纪的繁荣，但是生产不再仅仅是波斯人的特权了。欧洲企业派出代表，并参与设计和工场的扩张。欧洲利益集团控制和经营着许多波斯工场，如大不里士和苏丹纳巴德（Sultanabad）的齐格勒工场。该工场创立于 1883 年，并在成立后快速向外扩张。同样，许多土耳其纺织品工场是由英国商屋运作的。[2]

现存的波斯古代地毯有很大的比例是来自这个时代。西方的需求促成了旧制毯工场的重新开放，并建立新的工场。在某些地区，如设拉子（Shiraz）、阿巴台（Abadeh）、哈马丹（Hamadan）、娜因（Nain）、伊斯法罕（Isfahan）、苏丹纳巴德和阿拉克（Arak）等，这些以前只有少数制毯传统的地方开始大规模制作高品质的地毯了。部落和游牧文化已经具备了相关技能，但外部购买力将它们推向更具野心的目标。在 19 世纪末，手结地毯是波斯向西方出口的最大宗货物，而且成了

1　见 Helfgott（1994，pp. 15，85-87）。

2　关于外国人创立的工场，见 Milanesi（1993，p. 109），Helfgott（1994，pp. 141，200，213-217），Owen（1981，p. 212）和 Edwards（1960，pp. 135-136）。

波斯文化自豪感的来源。[1]

在不远的高加索，其纺织史上也有关于贸易和财富的同样故事。高加索是周围区域的战略走廊，受到过来自希腊、罗马、拜占庭、阿拉伯、奥斯曼、波斯、俄国和欧洲文明的有力影响。这个小地方包含了超过 50 个民族和 6 个种族语言群体（高加索、印欧、蒙古、土耳其、闪族和芬－乌语系）。高加索的制毯业并非来自单一的本土传统，它从一开始就是明确的综合艺术。[2]

高加索在波斯沙法维时期生产美丽的地毯，但它的纺织品传统直到 19 世纪还没有发展到很高水平。1875 年建立了从巴统（Batoum）到提夫利斯（Tiflis）的铁路之后，高加索开始发生根本性的变化。这个发展与其他交通进步一起将高加索与外部世界联系起来。高加索地毯的外部利益刺激了商业中心的纺织业以及高加索地毯生产的繁荣。高加索的生产是农村家庭手工业而非基于城市工场，但慢慢地，小家庭手工业开始向大工厂转变。19 世纪 80 年代是高加索地毯业的分水岭，品质最好的高加索地毯是在 1880 年到 1920 年间生产出来的。在高

---

1 关于新传统，见 Helfgott（1994，p. 136）。

2 见 Cootner（1981，p. 91）。

加索地毯的黄金年代，多数成品用于出口，通常是销往西方世界。[1]

从影响的角度看，高加索大量吸收了早期伊斯兰纺织传统，主要运用经过改良的波斯设计和游牧民间艺术进行生产。中国的设计和产品也是一个来源。其他来源则更为折中。高加索纺织吸收了莫斯科印花棉布和廉价墙纸的设计。过去用来包装香皂的那种纸也常常是设计灵感的另一个来源。正如来源众多一样，高加索地毯也已经在国际上产生了广阔的影响。比如，苏袋（Sioux[2] Bag）中的珠饰风格就被认为是受到了美国移民西进时所携带的高加索地毯的强烈影响。[3]

手工纺织：甘地和纺织品

西方技术支持了第三世界和土著社会的文化网络，甚至包括许多名声很差的部门。比如，文化全球化在手工纺织品领

---

1 见 Cootner（1981，pp. 91-93）和 Helfgott（1994，p. 88）；关于城市工场的缺场，见 J. Thompson（1988，p. 106）。

2 北美土著印第安人中的一支。——译者注

3 关于高加索来源，见 Wright 和 Wertime（1995，p. 43）。关于高加索的影响，见 Dubin（1987，pp. 262，289）。苏人的其他来源是欧洲刺绣、针绣花边和花边工艺品。

域的声誉特别糟糕。按照标准的说法，机器制产品将手纺工人逐出了市场。

这项指控在东印度尤为强烈。Satish Kumar 的看法很有代表性："在传统上，（印度经济的）基础就是纺织业。每个村庄都有纺纱工、起毛工、染工和织布工，他们是村庄经济的核心。然而，当印度充满了来自兰开夏郡机制的、廉价的、大规模生产的纺织品时，当地的纺织工迅速地被赶出了市场，村庄经济遭受了极大的打击。"甘地在运动中特别指责外国衣服，将之描述为"不洁的"、"肮脏的"和"不可接触的"，以及"我们最大的外来污染"。他的"抵制英货运动"（Swadeshi）要求印度人焚烧自己的外国衣服，即使他们正活在生存的边缘上。这个历史例子可能是最常用来说明全球化技术是如何摧毁本土文化的。讽刺的是，西方电影《甘地传》（它本身是一个全球化的产品）要为这个神话的传播负部分责任。[1]

事实上，现代技术在推进印度手织业方面做得比破坏

1　引用来自 Kumar（1996，p. 422）。关于甘地，见 Tarlo（1996，p. 92）。B. Chandra（1968）发表了一个反对英国市场渗透的更为学院化的声明，虽然他没有引证任何印度手工纺织业衰退的统计证据；更多见后面。这里所说的印度，指的是"历史上的印度"，因此没有特别指出的话，它也包括现代的巴基斯坦。

多。虽然手织品不再占领整个印度纺织市场，然而从绝对数量上看，它呈现出不断增长的势头。机械化降低了衣服的价格，大大扩张了市场的绝对规模，这支持了更多的手织品。手织的美学工艺受益于机械技术，尽管许多手织工的收入下降了。

西方技术为印度手织业背后的经济网络提供了重要支持。英国引入的铁路使手织工可以将产品卖到大的区域和民族市场，并摆脱重复的手二劳动。布料市场的连接使手织工能够获得新的和广大的掮客网络，并面对新的和广阔的大规模组织手法。铁路也将便宜和高品质的外国纱线带给了手织工，提升了产品的数量和质量。到19世纪，多数印度民间编织已经依赖于西方的纺制纱线而不是手制线。除了成本低以来，纺制纱线还允许人类将创造性努力调整到图案设计和布局上，而不是做些纯粹的重复劳动。[1]

抵制英货运动的主要受益者是印度的纺织厂（他们对该运动提供了一些资助），而不是手织工。通过攻击所有的外国商品，抵制英货运动非常有效地使国内手织工拒绝了有用的外

1　关于这些，见 Mehta（1953，p. 95），以及 Anstey（1936，pp. 222-223）。

国纱线。[1]

直到今天，用手纺机编织的印度纺织品仍然维持着美学上的活力。本土印度人对传统手编纺织品的需求是基于产品的质量。印度是一个极端多元化的国家，多数社区对非常独特的纺织产品一直有需求。这些需求根源于婚姻典礼、宗教仪式和当地的节日。不管是 19 世纪还是今天，在为这些场合提供产品方面，手纺机编的纺织品一直胜过机器制产品。当地的手织工对当地习俗和迅速变化的节日日程有更多的了解，因此能成功地售出专门的纺织产品。纱丽[2]（sari）、真丝绸（silk brocade）跟其他形式的高品质织物和衣服也不断支持手纺品。西北部尤其是古吉拉特邦（Gujarat）和拉贾斯坦邦的印度女人以及巴基斯坦人是世界上最重要的民间刺绣从业者。请注意印度的人口几乎占世界总人口的 1/4，而其手织业工人的比例更高，所以它的故事可以在相当程度上代表全球手织业。[3]

---

1 关于抵制英货运动，见 Bagchi（1972，p. 224）。

2 一种印度和巴基斯坦妇女穿的外套。

3 关于市场优势，见 C. Baker（1984，p. 397）。更一般地，见 Cooper 和 Gillow（1996，p. 90）。Barnard（1993，p. 133）提供了另一个关于当代印度纺织艺术的活力的简短描述。Lynton（1995）研究了纱丽的传统。

目前的数据并不支持甘地所持的手纺业衰落观。今天印度一地有超过 300 万的手摇纺织机和 600 万织工。1800 年印度的有效劳动力大约是 5500 万到 6000 万，手织工在这段时期内不大可能占全部劳动力的 10%。在整个 20 世纪，对手织业的有效度量表明该行业在绝对数上是增长的。在第一次世界大战之初，手摇纺织机比 20 年前多用了 10%~12% 的纱线。对 1936 年到 1939 年的度量表明用于手摇纺织机的纱线比 1906 年到 1909 年间多了大约 37%，尽管当时的世界处于严重的萧条之中。另一个估计比较了 1914 年和 1934 年，发现手摇纺织机在那个时期增加了 38%。就算是在印度工业棉制造中心孟买，这段时期手摇纺织机的数量也增长了 15%。[1]

机器将一些手织机赶出市场，这并不必然损害产品的质量。许多手织的印度纺织品质量很差、色调简单、材料低劣，而且风格粗俗零乱。今天手织业拥有高质量的产品，原因不

1　关于手摇纺织机和工人的数量，见 Lynton（1995，p. 12）。关于过去的情况，见 Morris（1983，pp. 669-670），Bagchi（1972，pp. 220-228，245），和 Buchanan（1934，p. 214）。Morris（1969，p. 160）估计了 18 世纪手织工的数量。Borpujari（1973）研究了 19 世纪 60 年代的"棉荒"，也强调了印度手织业对于英国的适应力。也见 Farnie（1979，p. 99）："他们的贸易危机看上去只是局部和暂时的，然后是一场回应外来竞争挑战的复兴。"就算是 Mehta（1953，p. 90）相对存疑的估计也说明了手织业在绝对数量上的增长，而不是衰落。

过是纺制产品占领了低端市场。此外，英国工厂和现代技术的竞争促使印度纺织品商将产品设计的更为精美。印度织工要提供给消费者的是机器无法复制的产品。印度手织工致力于提升产品和设计的等级，使印度纺织品的质量在刺激之下得到进步。[1]

手织业的印度经验并不是一个特例。在埃及和中东，手织业通过专攻欧洲人无法模仿的高质量产品而存活下来。机器制纺织品不能模仿土耳其细棉布（muslin）、叙利亚镶有金线和银钱的丝织品，或巴勒斯坦的绣花衣饰和头饰。有可信的证据显示，尽管欧洲人渗透进了市场，埃及、叙利亚和土耳其的纺织业在整个 19 世纪仍呈上升状态。通过外贸提高的财富增加了人口以及对衣服的需要。随着生产的重组，城镇纺织业的集中化得到了有效推进。在印度，欧洲的线（thread）、丝线（twist）和纺线价廉物美，对当地织工相当有利。[2]

印度纺织业者的一些问题来自于法律、管制和税收，而非

---

1 关于印度的质量改进，锦缎贸易方面的例子见 Harris（1993，p. 111）。关于低质量的印度手织产品，见 Mehta（1953，p. 109）。

2 埃及纺织业比较困难，这是因为统治者 Muhammad Ali 在这个地区建立了政府专营。见 Owen（1981，pp. 76，93-95，211-212，262）和 Farnie（1979，p. 104）。

自由贸易。东印度公司直到 19 世纪 50 年代末期还控制着部分印度，它促进了英国的经济优势。英国兰开夏郡的纺织业者可以自由进入印度市场，而印度生产者将产品卖到英格兰的时候却要缴关税。英国想把印度当作他们产业的原材料仓库，而非一个独立的竞争者。此外，印度土地要遭受一般在 50%~75% 左右的寓禁税，这使得印度纺织生产处于竞争劣势。[1]

然而在很大程度上，英国纺织品要获得成功，就必须满足印度消费者在某方面的需求。许多英国织布有出众的色泽和良好的质地，同时并非所有印度手工艺品都是杰作。很多印度人发现英国布非常舒适、价格合宜、好看，而且顺应了他们对一个发展中商业社会的想象。[2]

殖民印度纺织品的质量低于以前的产品，早期贸易萎缩的部分原因和波斯一样要归于社会混乱。莫卧儿帝国在 18 世纪

---

1 关于土地税率，可见 Dutt（1969，p. 138），和 B. Chandra（1966，p. 396）。19 世纪早期的很多时候，印度毛织品卖到英国的关税是 30%，而英国毛织品运到印度只要付微不足道的费用。然而，这个区别在后来消除了，而且不应被视为市场条件的基本因素。后来，1896 年印度棉的出口的关税为 3.5%；见 Dutt（1969 [1904]，pp. 114，130，401）和 B. Chandra（1966，第 6 章）。

2 Bayley（1986，p. 308）。有趣的是，英国布料在远东的发展较慢，尽管它在那儿有相等的价格优势和较好的交通网络。英国产品更适于融合的印度文化身份，因此他们在那个市场相对成功。

早期分裂的时候，印度手工品的质量迅速下降。

在 16 世纪晚期和 17 世纪晚期之间，大部分北印度地区享受着和平、繁荣与安定。集权的莫卧儿统治提供了大范围的商业、城市化和跨区域贸易。在那段时期，最好的莫卧儿地毯有丝绸衬底和由山羊毛组成的绒面。这个组合给了纺织品灵活的染色性，拥有视觉美和丝绸感。通常用有花植物和格式设计加以装饰。根据多数专家看法，印度纺织品从没有回到过这个水平。[1]

莫卧儿传统在 17 世纪达到高峰，然后迅速下降。奥朗则布（Aurangzeb）时期（1658—1707）仍然有精美的地毯出产，但总体上的衰落是非常明显的。到了 1739 年，纳迪尔·沙（Nadir Shah）的入侵造成了莫卧儿王朝的分裂。政治稳定终结，宫廷需求瓦解，贸易网络收缩。印度纺织品的质量随着形势的变化而下降。和波斯一样，印度大规模制毯一直处于沉睡状态，直到 19 世纪在欧洲需求的刺激下才苏醒过来。[2]

1　见 J. Thompson（1988，p. 152）。
2　见 Victoria 和 Albert Museum（1982）。

纳瓦霍人[1]和跨文化交流

纳瓦霍人的纺织品也受益于技术、财富的增长和跨文化交换。一个多世纪以来，纳瓦霍人手织品一直受益于技术的快速发展。

在 18 世纪，纳瓦霍人从主要因为西班牙入侵而搬迁到这个地区来的其他印第安部落那里学到了纺织技术。很快，纳瓦霍人开始用纺织品与西班牙人及其他印第安部落进行交易。纳瓦霍人最初编织的材料来自于驯养的绵羊和山羊。西班牙人不仅向这个地区引入了绵羊，而且他们的动物管理技术使纳瓦霍人可以养更大数量的家畜。纳瓦霍人也因此接着发展了家畜生产和营销。放牧变成了纳瓦霍人经济中最重要的部分。这些家畜支持着编织和交易毛毯的活跃传统。[2]

大约在 1825 年，纳瓦霍人纺织品从纯功利主义的实践转变成了一门艺术。那时纳瓦霍人接触了瑟拉佩[3]（serape）、毛毯和出自墨西哥东北部萨尔提略（Saltillo）城的楼面料（floor covering）。瑟拉佩中的图案是锯齿状的 Z 字形，它源自雨布和墨西哥的西班

1　北美的一支印第安部落。——译者注

2　比如，见 Bailey 和 Bailey（1986，pp. 12-14）关于纳瓦霍人的起源，和 Amsden（1972）。

3　一种披肩。——译者注

牙牧羊人所穿的衣服，而后者又受到西班牙摩尔人的影响。纳瓦霍人的设计大量吸收了这些来源，当然也对它们加以改造以适应纳瓦霍人的视觉语言，同时进行故意的扭曲并去除了边纹。[1]

1821 年以后，纳瓦霍人普遍采用了工业制造的染布。纳瓦霍人拆散并重新编织这些材料以适应他们的设计。最值钱的线是红色的，叫作 bayeta，是从西班牙布料中拆出来的，而这布料又是西班牙从英国进口的（英国厚羊毛毡）。直到跟美国的贸易合法化（由于 1821 年的墨西哥革命）之后，纳瓦霍人才能得到这些布料，它们是古典纳瓦霍毛毯的基础。到 19 世纪中叶，纳瓦霍人使用商业萨克森毛纺，通常是为了获得黄色和绿色。[2]

进口衣服为纳瓦霍人带来了新颜色。纳瓦霍人无法用他们的植物染料制作出鲜艳的颜色，因此要依赖于外国织物，通过分拆和重纺的方式实现自己的目标。讽刺的是，bayeta 的原染料为胭脂红，它萃取自墨西哥的一种甲虫寄生物，并在欧洲利用先进技术进行重新加工，再运回新世界为美国印第安

---

1 见 Brody（1976）。关于非洲人如何利用欧洲进行纺织品设计，见 Meurant（1995，pp. 113-117）。

2 见 Blomberg（1988，p. 3），Deitch（1989，pp. 224-227），Kent（1976，pp. 89, 101）和 Underhill（1956，p. 75）。非洲人也使用拆开的西方机器制纺织品，以制作高品质的新产品；见 Kahlenberg（1998，p. 176）。

人所用。靛青染料也并非一开始就适用于纳瓦霍人，他们在1800年的时候已经使用了欧洲色彩。[1]

并非所有的新颜色都对产品的美学品质有正的效应。纳瓦霍人采用了化学苯胺染料和苯胺染线，这些是英国在1856年发明的。苯胺产品很快跨过大洋，通过商栈和铁路迅速在美国西部成为标准。使用新染料的三层纺线在1865年的时候进入了纳瓦霍。一旦接触了这些新颜色以后，纳瓦霍人热心地进行尝试，主要用苯胺调制红色。苯胺染料的劣等版本随后便广为流传，表现出粗糙和大规模生产的特点。[2]

然而，技术的净效应肯定是正的。就像在印度一样，拆口的纱线、机器纺纱的广泛传播促进了纳瓦霍人的编织技能。为了进行有效的竞争，纳瓦霍人被迫去制造具有同等价值的纱线。不需纺纱和染色的纱线解放了纳瓦霍人的劳动力，使他们可以从事新的设计，导致像19世纪晚期"Eyedazzlers"这样的革新；它的颜色对比鲜明，有互相连接的图形和图案。由于技术的原因，相对于出色的编织而言，布局的重要性提

1　见 Deithc（1989，pp. 224-227），Kent（1976，pp. 89，101），Underhill（1956，p. 75），Blomberg（1988，p. 3）和 Brody（1976）。关于靛青染料，见 Dedera（1975，p. 25）；关于胭脂红，见 Rodee（1981，p. 3）。

2　见 Blomberg（1988，p. 5）和 Haberland（1986，p. 115）。

高了。Eyedazzlers 被当时的一些评论家看成是堕落，但随后它得到的评论和商业地位便迅速上升了。[1]

纳瓦霍人编织的"地毯时代"的基础是远方的美国消费者，而非本土的贸易伙伴。19 世纪 70 年代商栈进入了纳瓦霍地区，这使得纳瓦霍人能将产品卖给殖民者。新墨西哥在 19 世纪 80 年代通了铁路。纳瓦霍人现在能将他们的陶器跨越国境运往美国，并卖掉不同种类的产品。沉重的地毯在 19 世纪 90 年代取代了轻盈的毛毯。传统标准的改变给了许多纳瓦霍创作者自由实验的空间，并产生了许多最具艺术性和原创性的纳瓦霍设计。[2]

纳瓦霍风格不断利用通过铁路引入的非纳瓦霍要素。许多 19 世纪后期的设计吸收了波斯、高加索和土耳其纺织品的元素，这在很大程度上是因为商栈经营者鼓励纳瓦霍人将这些东西融入他们的作品之中。纳瓦霍艺术所吸收的影响来源绝不局限于西班牙和美国，又一次显示了财富和技术是如何刺激人类创造力的。[3]

1　关于纱线，见 Brody（1976）。关于 Eyedazzlers，见 Lindig（1993，pp. 111-113）和 Rodee（1981，p. 5）。

2　见 Lindig（1993，pp. 111-113），及 Kahlenberg 和 Berlant（1972，p. 25）。

3　关于东方的影响，见 Haberland（1986, p. 119），及 Kaufman 和 Selser（1985, p. 72）。

第三章　气质和文化失落的悲剧

　　财富和技术的力量已经将公共的商业影响扩展到了空前的水平。有 100 多个国家可以收看 NBA 的比赛，丰田车能够卖到 151 个国家，可口可乐在 185 个国家都有售。每一年，麦当劳在美国以外开的连锁店数量两倍于其在美国的开店数。汽车、郊区发展和大型购物中心吸引了世界各地的新顾客。[1]

　　这些发展带来的好处是明显的，而且如我们在最后一章要讨论的，这当中伴随着文化创造力的爆炸性增长。但是在这样显著的上升之外，我们也发现同时有一些文化失落了。为了说明这样的失落，我仔细思考了跨文化接触对穷国和小国的气质（ethos）的破坏。气质的消失会破坏非西方文化的独

---

[1]　见 Orvell（1995，p. 147），Shenk（1997，p. 110）和 Waters（1995，p. 70）。

特性，并因此使他们的艺术创造力丧失殆尽。

尽管这本书讨论的是现代世界可以有什么样的自由，但不借助悲剧，我们是无法理解自由的。事实是这个世界上文化繁荣的范围越广，文化悲剧的程度也就越大。

正如我们在后面会看到的，气质这个概念能帮助我们领会文化创造力和文化腐化之间的关联。我所说的气质是指一个文化的特殊感觉或味道。气质可以被看作是一个社会中能找到的世界观、风格和灵感的背景网络，或文化解释的框架。因此气质是用以创造或观察艺术的含蓄语言（implicit language）的一部分。更明确一点，气质是由社会自信、通过集体信仰某种宗教而产生的世界观或关于美的性质和价值的文化预设所组成的。气质常常包括了能够告知我们如何抵挡语言公式或文字公式（verbal formulation）的隐秘知识或背景知识。法国艺术史和艺术哲学家伊波利特·丹纳（Hippolyte Taine）认为它是"心智和周围情况的一般状态"。德语 *Weltanschauung*（世界观）和 *Zeitgeist*（时代精神）比任何与之配对的英语词汇都更精确地描述了这个概念。[1]

1　见 Taine（1980 [1865], p. 95）。Mannheim（1952）提供了关于气质的一个解释，强调了 Weltanschauung 的德语思想。关于气质在科学交流中的作用，见 Crane（1972）。关于丹纳理论的背景，见 Munro（n.d. 特别是 chap. 8）。

气质和技术的结合赋予一个创造性时代以特别的"感觉"，或者说风格和情感核心。历史环境帮助培养了贝多芬和肖邦音乐中的力量与自信，牙买加雷鬼音乐中的坚韧与救世热情，以及佛罗伦萨文艺复兴时期绘画作品中的高贵与庄严。尽管多样的特殊风格已经扩展到了每个地方，它们的衍生品也遍及世界各地，但受过教育的观众仍能够毫无障碍地像佛罗伦萨人一样欣赏文艺复兴时期的绘画，或像牙买加人一样欣赏音乐作品。

创作者们在成长时期有相似的体验，这有利于风格的共性（commonality）。他们有相同的老师，看相同的图像，并在相同的环境中长大。想要吸引特定受众的欲望也传递了共性。创作者追求名声、他们的顾客和同伴的认可，或者因激发了某位观众而感到无比快乐。这些激励催促着艺术家传播一种与他们的顾客"合调"的美学感受力（sensibility），这样就可以与他们的时代精神谐调一致了。如果一个双向的累积反馈过程不断上升的话，艺术产品就会进一步塑造时代精神并扩展它的影响力。

气质并不要求观点之间完全一致。英国20世纪60年代的青年文化是由"绅士雅皮"（Mods）和"摇滚乐迷"之间的冲突构成的。这两个群体在共同背景中的许多问题上都有不同看法，在这个意义上他们有着共同的气质。人们已经注意到"对立就是除了某一个地方不同以外，其他都完全相同"。气质是一种用于阐释的共同文化矩阵，而非狭隘的观点一致。

在经济学语言里，气质指的是个体态度（attitude）的"互相依赖"，或使用更为技术性的字眼，那就是态度间的"网络效应"。在某种程度上，一个人的态度是同一共同体内其他人的态度的一个函数。根据正规的经济学模型，气质是产品中无法定价、不能交换的内置物（input），通过许多人的行动和态度集体生产出来。

气质的性质决定了它不能被完全精确的定义。它那种捉摸不定的特性反抗确定性的描述，很像科学哲学中的"范式"（paradigm）概念。然而，那些批评跨文化交流的人因此便漠视这类概念是不公平的。跨文化接触改变了人们对这个世界的看法，而这样的思想转变扩展了艺术生产的方式，虽然并不总是导向好的结果。

良好的气质能够让相对小的群体实现文化奇迹。根据最准确的估计，古代伯里克利时期的雅典，居住人口少于20万（自由公民的数量更少），但它在哲学、诗歌、历史、戏剧和政治学方面实现了至今无可比拟的成就。雅典人并不比我们当代人更优秀，但他们的时代提供了一个有利于大胆和创造性思考的精神气质。雅典人以渴望发现和奇迹、想要尝试第一次的情绪感染了创作者们。[1]

文艺复兴时期佛罗伦萨的人口一般不超过 8 万，有时远低于这个数字。为了对佛罗伦萨的成就有一个较为准确的认识，考虑一下 1984 年有 3.5 万名画家、雕塑家、陶工和艺术史家从美国的艺术学校中毕业。我已经在其他地方已经强调了佛罗伦萨艺术背后的有利经济条件，但同样重要的是，佛罗伦萨的环境非常重视在互补的市场、人文主义和宗教这几个维度下的艺术奇观。[2]佛罗伦萨人也视他们的城市为创意中心，而非军事强权或帝国的部分。活力、乐观主义和人文主义的气质透过佛罗伦萨的艺术作品直到今天仍熠熠生辉。更重要的是，佛罗伦萨人把艺术看得很重，这种态度推动了数量很少的一群人生产出如此多的创意产品。[3]

气质对文化来说具有普遍重要性，这并不局限于西方。海地的巫毒艺术、中国香港的动作电影、古巴的舞蹈音乐和许多其他艺术形式都从本己文化（home culture）中获得了一种特殊感觉。它们的创作者重视自己的事业，并尊重他们最深

1　关于雅典的人口，见 Sinclair（1988，p. 9）。

2　见 Cowen（1998）。

3　关于艺术学校的数字，见 Robert Hughes（1991，p. 401）。

刻的创造性努力。跟雅典和佛罗伦萨一样，气质可以帮助相对小的人群实现不可思议的创造性繁荣。

脆弱和气质问题

因为气质，全球化对文化而言成了一个非同寻常的问题。经济增长、国际贸易和技术知识的传播将劣质锤子、电冰箱或真空吸尘器带到美国或者不发达国家都没有什么危险。在这些部门或产业中，知识的传播肯定具有正的效应，并能为所有相关方带来更多和更好的机会。

然而，贸易和经济增长并不保证文化也会在同样的方向上得到进步。与普通的商业部门不同，更多的知识并不必然会产生能得到更高评价的文化。根据定义，气质是一种关于世界的独特看法，外界的商业影响会弱化或破坏它，尽管这些影响从更广的意义上说是促进人类福利的。正如前面已经讨论并将贯穿于本书之中的，文化知识在时间和空间上的集群现象反映了气质的稀缺性、独特性和脆弱性。

讽刺的是，艺术家如果向外学了太多的方法，反而会失去在特定类型上的创造力。当代音乐家贝克是摇滚、乡村和布鲁斯音乐的折中派，他用简洁的方法道出了这一点："你无法再写一首纯粹的乡村音乐。你无法再写一首纯粹的阿帕拉契民谣。因为我们生活在一个所有人都听过速度金属（speed-metal）乐、鼓和低音乐、早期 hip-hop 乐的世界。就算你没有受他们的影响，或者你没有使用这些元素，但它们依然在你的脑子里。"[1]

唱片和广播大行其道之前，在古典音乐指挥、小提琴演奏和钢琴演奏方面，欧洲各个地方都有自己的流派，每个流派都有可以辨别的音乐风格。电子复制品通过传播关于这些风格的知识限制了它们的数量。虽然技术水平是很高，但古典音乐家们的作品却越来越相似。观念的交流和交换已经让原来完全不同的音乐想象（vision）走到了一起。一旦未发达地区的许多"稚拙"画家受到西方艺术品的影响，他们便以相似的形式失去了自己风格的独特性。

没有一个西方现代作家把握或能够把握但丁《神曲》背后的世界观。无论是好是坏，地狱（hell）的道德力量已经在知识界中间失落了。没有现代的反讽和讽刺文学，或甚至是嘲笑，当代纽约知识分子便无法思考地狱。电视剧《宋飞正传》

1　Pareles（1998，p. 40）.

（*Seinfeld*）中的许多情节证明了视角的变化。

黑格尔把反讽形容为艺术之死的时候反应过度了，因为他丝毫未察觉到后现代的可能。然而，他理解反讽是如何侵蚀艺术的英雄气质并限制其美学追求的。安迪·沃霍尔的"最后的晚餐"本身是一幅杰作，但多数现代美国艺术家无法以中世纪或文艺复兴时期画家所持的那种态度来描绘"基督的伟大"。不管普鲁斯特是如何嘲笑贵族政治，他要不在一定程度上严肃处理这个问题的话，《追忆逝水年华》便不会成为现在我们所看到的这样一本书。

跟很多技术知识不一样，艺术能力（capability）不能轻易地转移到其他时代或其他社会中。纳瓦霍人有很高的编织才能，却无法制作出第一流的阿米绪拼布（Amish quilt）。这不仅因为他们没有制作阿米绪产品的精确技术知识，而且也欠缺审美上的正确感觉，就像阿米绪人不能生产第一流的纳瓦霍地毯一样。今天的纳瓦霍人无法复制他们在19世纪60年代最著名的产品中所蕴藏的那种触感和品质，虽然如果能够做到这一点的话，就有大把利润等着他们。

不管花多少钱，也很难生产出16世纪或17世纪沙法维时期所出的精美波斯地毯。这部分是因为相关的知识、训练和专家网络已经消失了。但另一部分是因为现代伊朗已经没有同样的文化自信，而且在世界秩序中的相对位置也发生了变化。尽管手织地毯仍然很普遍，且控制了巨大的资源数量，但它们既无法跟过去最优秀的产品相比，也配不上当前的市场价格。现代伊朗在财富和技术上的进步并不能弥补这些缺陷。

新的文化可能性是否要胜过那些正当红的老式风格，这是个值得讨论的问题。关键是在文化生产中，更多知识并不会在所有方面都扩展我们的机会。相反，增长所带来的是这一套风格与另一套之间的权衡（trade-off）。

太多的知识，或错误的知识，会限制我们的创造力。在这方面，文化经济学提出了一个尤为独特的问题。创作的退化不仅仅是一种可能，这个现象非常普遍且意义重大。

我们在这儿看到了与当代宏观经济理论的平行。现代的"真实"经济周期理论需要一个负的生产力冲击——生产产品和服务的效率的减少——以造成经济衰退。有评论者认为负的生产力冲击想法对现代经济来说是不恰当的，因为我们不会忘记生产绝大多数东西。事实上这是现代经济周期理论最为深刻的贡献之一，而且跟艺术与文化世界有着特别的关联。我们生产很多产品（包括大多数文化产品）的方式非常依赖于我们的背景假设，而这些假设会受到条件恶化的影响。讽刺的是，就文化而言，"负的技术冲击"经常是获得而非失去知识。

　　某种程度的隔绝可以将自信和某种魔术感注入艺术中。很多第三世界和当地的手工艺人认为他们的手艺中融入了伟大的宗教与神话意义，对于历史演变来说是最为重要的。事实上，从外部世界的眼光来看他们可能不过是"另一个手艺人"而已，但如果不把这点反复灌输给他们的话，他们的创造力可能会更强些。而且，来自富裕社会的外来产品和技术可以夺走本土创作品的地位。在这方面，马克思主义者所说的"权力关系"能够制约小国和穷国的创造力。

　　气质常常是基于一种无法被客观事实所严格证明的传教士热情。在某种程度上，艺术与创造力停留于幻觉和错觉，尤其是艺术家的头脑之中。如果所有海地人都不信仰巫毒教的话，海地艺术就会拙劣的多。人们常说海地是 90% 的天主教和 100% 的巫毒教（vodou）。海地艺术的美国保护圣徒塞尔登·罗德曼（Selden Rodman）把海地人描述为"绝缘于视觉宣传、摄影和怀疑论的污染"。换言之，错误意识是人类创造力的源泉。[1]

1　Rodman（1961，p. 105）。

气质中断会产生两类问题。首先，根据某些根本的伦理或美学理由，以往文化及其相伴随的艺术品的消失是场悲剧。其次，我们按照社区成员的偏好来思考这个问题。太多的贸易，或错误类型的贸易，由于它们在文化上长期潜移默化的影响，会使贸易个体的状况变得更差。

这里的逻辑是简单的。一个又小又穷的文化可以通过汲取来自大而富的文化的创新中获得好处。他们活得更长，得到更多的消费品，并欣喜于他们所碰到的新文化。但是小文化中的个体并不会喜欢他们新生活的每个方面。根据这些个体的观点，两种文化间的彼此接触已经过多了。小文化愿意获得贸易的好处，却在更大的程度上将大文化的气质摒弃在外。小文化中的每个个体在和大文化进行交易的时候，不会将所产生的气质中断成本考虑在内。由于这个原因，小文化作为一个整体，也许比小文化中的个体更倾向于断绝和大文化的交易。当然，创造性艺术家们无法避开这些类型的广泛影响，他们的世界观也会随之改变。

大文化（larger culture）也可能受益于更少的交易或不同类型的交易。大文化中的成员倾向于接受小文化的独特产品。如果因纽特人失去了创作他们那种独特的雕塑品、雕像和印刷品的能力，那北美人的生活水平就会恶化。如果非因纽特人过多地或以不正确的方式接触因纽特文化，就会妨碍因纽特人创作高品质的作品。但是这种艺术破坏是以累积效应的方式发生的，所以多数个体在选择跟纽特人接触的程度时不会考虑这一点。

气质中断常常是由消费者驱动的，在这个意义上它们促成了进步和人类福利的提高。许多金斯敦的工人想吃麦当劳的食品，虽然这要花掉他们一天的收入。但如果太多牙买加人经常这样行事的话，牙买加社会的独特性便会削弱。它所导致的变化也许会改变或摧毁牙买加人潜在的独特创造性眼光。没有高科技的录音工作室，雷鬼乐是无法兴盛的，但与此同时，如果金斯敦太像贝弗利山（Beverly Hills）的话，雷鬼乐也就失去了它的独特感觉及对全球多样性的贡献。

密涅瓦模式

跨文化接触常常会在中断或摧毁某种气质之前先调动它的创造性成果。在将某种气质转换为创造性的艺术成就方面，贸易扮演了一个重要但却被忽视的角色。

我们来看一个常见的模式。因为个体交易原材料、技术和思想，文化的最初交流会产生创造性繁荣。通常是物质上较富裕的国家为贫穷文化的创意提供金钱支持，此时本土的审美感和气质在很大程度上仍是完整的。从文化的观点看，两边暂时都达到了最优。在从贸易中获利的时候，贫穷文化或小文化的核心仍然保持着完整性。然而随着时间的流逝，大文化或富裕文化打乱了统治小文化或贫穷文化的力的平衡。贫穷文化开始调整他们的产品以迎合富裕文化的喜好。与外部世界的交流会让现有气质失去独特性。小文化专门化之后"忘记了"如何制作高品质的产品，于是我们便观察到了文化的衰落。

我把它称为密涅瓦模式。在这种情形下，创意火花的爆发也会造成文化和气质的衰落。即使两种（或更多）文化在长期无法兼容，他们也能获得显著的短期贸易利得。"密涅瓦"指的是黑格尔的著名陈述，"密涅瓦的猫头鹰只在黄昏才展翅飞翔"。他的意思是只有在文明已经认识到它的局限性并处于衰落之中时，才会有对一个文明的哲学理解。我用这个譬喻来指当特定文化开始衰落的时候所散发的文化光辉。我们也可以说，文化繁荣包含着自身毁灭的种子。

夏威夷群岛的文化并没有因为外来接触而立即枯萎，相反却在 19 世纪晚期和 20 世纪早期兴盛起来。太平洋、美国、日本和中国影响的结合创造了丰富的创造性环境。在音乐方面，夏威夷歌手对乡村音乐、西部音乐、钢棒吉他、布鲁斯、爵士乐、弹拨吉他风格和现代沙发音乐（lounge music）的发展有着深远影响。在所有这些例子中，夏威夷人的革新建立于已有的西方形式之上，或部分依赖于西方的灵感。比如，夏威夷钢棒吉他是生活在加利福尼亚的捷克移民发明的。夏威夷在 19 世纪晚期和 20 世纪早期也生产了许多质量极好的手织棉被。就像夏威夷音乐一样，这些产品是汇集了美国、亚洲和波利尼西亚风格的综合产品。[1]

然而，夏威夷文化的成熟期并没有一直维持下去。岛屿在文化、经济和政治方面被美国所支配只是个时间问题。充满活力的本土夏威夷文化迅速减少，已经被数量巨大、财富众多的本土美国人和亚洲人所淹没。当代夏威夷几乎是一个文化沙漠（钻石山头的建筑就是证据），但它比过去更像美国本土。这个区域没有生产出可与它在本世纪初巅峰时期相比的独特创造性成就。

然而，这样谴责现代性是忽略了跨文化接触在刺激创造性环境方面的最初角色。事实上，所有夏威夷的革新都具有综合性质，且基于文化贸易。可以说，现代性在摧毁许多文化

1　关于夏威夷棉被，见 Wild（1987）。关于吉他，见 Clifford（1997，p. 26）。

共同体之前，必须先创造那么多数量的文化共同体。而且夏威夷文化的源头——诸如中国、日本和波利尼西亚成分——本身便是更早时期的综合产物。它们源起于早期的创造性破坏过程，同时在那个过程中也留下了许多文化牺牲品。

当贸易利得是基于严重的文化不平衡的时候，我们经常会看到密涅瓦模式的出现。比如，美国印第安人的工艺品在 20 世纪早期（临时性）崩溃之前处于繁荣状态。平原印第安人（Plain Indian）造诣最深的艺术品使用欧洲的蜡笔、铅笔、衣服、金属、油漆颜料、纸、染色毛线、镜子、钟、黄铜大头钉和玻璃珠。许多印第安部落的木夹编制工艺源于欧洲（可能是瑞典）。霍皮人的卡奇纳洋娃娃是在 19 世纪兴盛起来的，那时霍皮部落接触了西班牙和墨西哥的民间艺术，并发现了旅游者对洋娃娃的需求。[1]

印第安图腾柱在 19 世纪中叶流行起来，当时西北皮毛贸

---

1 关于霍皮的卡奇纳神，见 Furst 和 Furst（1982，p. 31）。一些学者注意到也许卡奇纳是先于跟西班牙人接触而出现的，但即使如此他们也受到了很大的影响；见 Dockstader（1954，p. 98）。关于平原印第安艺术品，见 Feder（1986，p. 93，各处）和 Erody（1971，p. 25）；关于编篮技术，见 J.G.H. King（1986，p. 82）和 Sturtevant（1986，p. 33）。印第安人进行综合的其他例子，见 Feest（1992，pp. 42-44，107）。Egan（1993，chap. 6）和 Damian（1995，pp. 44-45）讨论了南美殖民艺术中印第安画家和工匠的角色。

易将新的财富带进了印第安社区。印第安的首领和贵族用制造大柱子的办法表现自己的身份；一个较大的村庄里可能有70个之多。只有当移民者引进了使大规模印第安雕刻成为可能的金属刀之后，才能制造出大量令人印象深刻的柱子。在整个北美，贸易关系使18和19世纪的印第安艺术品呈现前所未有的繁荣状态。这段时间也正是更多地被视为一种生活方式的北美印第安文化迅速衰落的时期。[1]

西班牙的征服严重摧毁了安第斯纺织品的传统，但是安第斯编织艺术在刚与欧洲人接触的那段时间出现了繁荣。在需求这一方，一些西班牙人发现安第斯纺织品的质量很高，并热情地购买它们，这刺激了生产。在供给这一方面，安第斯编织者吸收了新的原材料、风格和思想。西班牙人引入了丝绸、亚麻布、羊毛和外包金属的线，除此之外还带来了纺织形式的风格灵感以及来自欧洲、阿拉伯世界、土耳其和中国的设计。特别是，安第斯编织品在颜色运用上有创新，开始使用复杂模式以创造深度和广度效应。经由菲律宾人带来的

---

1 见 Woodcock（1977, p. 25），和 H. Stewart（1990, pp. 20-21）。关于刀的作用，见 Feder（1971, p. 18）。19世纪晚期皮毛贸易减少、天花消灭了许多村庄、步枪导致了血腥的部落间战争，而且加拿大政府宣布许多印第安文化要素为非法，于是图腾柱传统被废止了。

中国丝绸挂毯和刺绣品具有特别的影响力。在西班牙人向安第斯社会征收特别高昂的费用并摧毁了他们的社会结构之前，跨文化接触对纺织品艺术一直有着良好的影响。[1]

密涅瓦模式暗含着"兑现"一个文化内部的潜在创造力也许是值得的。在坦然接受文化的最终衰落的同时，我们也将创造力发挥到了前所未有的水平，至少暂时是如此。

现代世界也许太快地兑现了文化，或一次性兑现的太多了，但我们不应该以衰落文化的数量来衡量失败。肤浅的观察者过快地将所看到的文化衰落视为问题，却不知没有文化衰落可能是失败而非成功的信号。没有衰落可能反映的是一个多样性欠缺且文化成就有限的世界。相反，大量的衰落艺术类型可能是文化财富与活力的征兆，而并非在任何时候都是完全和绝对的衰退的信号。

一般来说，几乎今天所有正在消失的文化都演化自文化混合与"兑现"的早期过程。中国人在整个东南亚的扩展、罗马帝国的扩张，或欧洲人在黑暗时代的移民，不管产生的文化利益如何，都对当时的文化造成了巨大破坏。事实上今天所谓的乡土文化（indigenous culture）是经过重组的，是过往

1　见 Stone-Miller（1992，pp. 51-60，185-186，193-196，201）。

文化扩张的混合版本。跨文化接触在让一些文化生长的同时兑现了另一些文化。随后的交换揭示出这些当今文化的优点，同时宣告了它们日后的衰落。

贸易和气质

虽然有时候贸易摧毁了气质，但我们不应当将贸易看成是这个进行中的文化改组过程里的恶棍。荒谬的是，一种气质的成功发展同时依赖于贸易和隔离。古代文明发端自地中海并非偶然，在那里不同的文化通过海运进行贸易并彼此学习。从法国北部、低地国家和意大利开始，贸易关系于中世纪晚期将这种学习精神传播到了整个欧洲。学者、画家、手抄本和科学思想的流动产生了文艺复兴。美国的发展是西方史上另一个样板，这也要归功于贸易和资源的流动。事实上，每一种气质都要归功于这种或那种形式的跨文化接触。

今天跨文化接触不断支持气质的增长。佛得角群岛的流行文化有其独到之处，虽然群岛的人口还不到40万。部分隔绝有助于形成一种独特的风格。同时，佛得角的音乐和生活方式具有明确的综合性质，混合了葡萄牙、非洲、巴西和其他文化的影响。如果不是为了包括奴隶贸易在内的海运贸易，是不会有人在群岛定居的。在外打工的佛得角人寄回的汇款资助了老家和音乐社区的日常生活。

牙买加的音乐气质在引进了非洲－美洲的节奏布鲁斯音乐之后才得以起飞。牙买加移民食糖业工人在 20 世纪 40 年代晚期去美国南部的途中发现了节奏布鲁斯，并带回了一种音乐喜好。后来，牙买加听众在 20 世纪 50 年代从新奥尔良和迈阿密的广播中找到了节奏布鲁斯。Louis Jordan，Fats Domino，Shirley and Lee，Bill Doggett，Roscoe Gordon，Ernie Freeman 和 Chuck Berry 等人在牙买加特别流行。（牙买加人比较喜欢平稳、速度较缓的音乐，而不是 Howlin' Wolf 和 Muddy Waters 的三角洲布鲁斯，这一直反映到了雷鬼音乐中。）斯卡（ska）调子是牙买加音乐在 20 世纪 60 年代早期的第一次突破，它深受 doo-wop，swing，crooner 和较软的节奏布鲁斯等乐风的影响。直到今天，Sam Cooke 和 Nat King Cole 仍然在牙买加极受欢迎。[1]

那些表面上极度隔绝的实例往往也严重依赖于贸易。阿亚拉兄弟（胡安·卡米罗，马西亚尔·卡米罗，和法利克斯·卡米罗）是墨西哥的三位民间画家，生活于格雷罗（Guerrero）

1　见 Chang 和 Chen（1998，pp. 19-25）。

州 San Agustin Oapan 的山村里。去这个村庄要在公路上开几个小时的车（从墨西哥城或阿卡普尔科城出发），然后在一条泥路上行驶很长时间。在三兄弟生活期间，村庄才通了电。阿亚拉兄弟在晚年开始学习西班牙语，他们的母语是前西班牙的那瓦特（Nahuatl）语。这个村庄的居民不过几千（其数量随着季节而变动），拥有素描和绘画方面的独特风格，且仅被几个邻近村庄所共享。我们可以看到，相当程度的与世隔绝塑造了这个村庄的创造性环境。[1]

　　贸易在这个故事中的角色不那么明显，但并非不那么重要。乡村艺人从 20 世纪 60 年代早期开始在皮纸（bark paper）上绘画。墨西哥城的一位建筑师与电影演员麦克斯·克洛（Max Kerlow）也开了一家手工品店，把产品大量卖给旅游者。一些乡村艺人拜访他的时候，他建议说皮纸（*amate*）画要比有较高破损率的陶器更容易销售和运输。直到那时，乡村画家还没有想过使用产自墨西哥另一个地方（Puebla 州的 San Pablito）的皮纸。在这段早期日子里，电影演员文森特·普赖斯（Vincent Price）的姐姐玛丽·普赖斯（Mary Price）是这门

1　我受益于与相关方的交谈，包括 Ayalas 和 Max Kerlow。也见 Amith（1995）。我规划的一个后继工作是关于全球化的案例，献给 Ayalas 和 San Agustin Oapan。

艺术的重要资助人。

阿亚拉兄弟是首先在木板和帆布上作画的乡村艺术家。纯粹出于偶然，马西亚尔·卡米罗·阿亚拉离开村庄去库埃纳瓦卡（Cuernavaca）贩卖陶器的时候结交了一个美国人，埃德·拉伯金（Ed Rabkin）。拉伯金给了马西亚尔及他的兄弟合适的艺术原料，资助了他们好些年，并将他们的作品推销给北美的收藏家。因此那时阿亚拉兄弟的作品主要是受到国外需求的支助。更一般而言，San Agustin Oapan 村已经找到了维生之计，通过将陶器和皮纸画卖给外来人（往往是游客），保留了大部分自己的生活方式。村庄居民制作工艺美术品，并以此使村庄不被大城市区所吸收。深嵌于一个大文化之中使得阿亚拉兄弟和其他乡村艺人们成功地混合了隔离与跨文化接触。

规模的价值和临界质量

在尝试维持一种独特气质的过程中，文化面临着临界质量（critical mass）的问题。个人以他或她的一己之力，是无法创造出气质的。相反，一种气质是由许多个体的独立行为形成的。这种集群要求在某种程度上跟那些较大和较富裕的外部力量相隔绝。

尽管加拿大因纽特人的数量不超过 2.4 万人，但他们却维持了自己的文化。他们通过联合贸易加以控制，以维持他们的生活方式和地理上的隔离。因纽特人居住在很偏僻的地方，是从加拿大的人口中心移走的。如果跨文化接触足够贴近的话，因纽特人的气质就会消失。从长期来看，规模相似的独特文化群体无法在多伦多市区持续维持下去。在那里他们会碰到太多的外来影响，并为了生活而迈入在本质上属于西方的路径。

临界质量很重要。20 世纪以前，极少人有旅行经验，而且大群体的旅行也很罕见。人们指责观光游览会腐化旅行者，并令他丧失自己的民族与文化忠诚。比如，英国人就视旅行为通往"意大利式"恶习之路。今天，旅游是件轻车熟路的事。当代批评者指责的是旅行者破坏了所访问的地方，这是他们的前辈从未想过的。现在英国人被指控毁坏了意大利，而不是被意大利所摧毁。这个问题在小国、岛国中体现得最为明显。在 1990 年，巴哈马平均每个当地人要接待 14 个游客，而圣·马丁平均每个当地人则要接待 24 个游客。[1]

1　过去对旅行的批评，见 Warneke（1995）。关于加勒比海，见 Krotz（1996, p. 11）。

一个文化的人口越多、经济越强，被跨文化接触所摧毁的风险也就越小。它能够吸收外来思想而不被它们所吞没。日本、美国和德国是吸收大量外来文化，并加以融会贯通，且没有迷失自我身份的三个例子。

大规模社会通常更能抵抗外部的打击，并为重组提供更多的机会。大规模社会中的多样性可以让某些部分更为灵活和创造性地应对外来影响，虽然其他部分可能被摧毁了。就这方面而言，大规模社会的多样性更强，且能更好地应付外来风险。

外来的渗透和影响要花更多的时间才能遍及大规模社会的角角落落。本土习俗因此可以在更长的时间里坚持原来的风格，这便增加了综合两种文化的机会。大规模的、孤立的本土文化能够以自己的步伐吸收外来革新，根据合适与否决定采纳还是拒绝。相反，当外来影响一下子全面扑向一个小规模社会的时候，实现有效的适应便要困难得多。

大规模社会很可能一开始便是综合的，这样更适于吸收和转变外来影响。巴西、美国和加拿大在本质上是由自愿或被迫移民所组成的国家，已经发展出了可以调和外来元素的基础。这些制度可能包括公众对不平等和差异更具包容心，相对普遍的流行文化、政治容忍度和有利于变化的国家

"神话"，如美国的"大熔炉"概念和近来加拿大的共存文化（coexisting cultures）概念。

在不发达世界中，墨西哥和印度提供了大规模社会是如何在与广泛的外来接触中维持独特和多样身份的例子。比如，墨西哥是由许多文化上独立的区域，及数十种彼此难以理解的语言组成的。这个国家提供了多种多样的烹饪和工艺品。这种多样性被证明是对外来影响具有高度的弹性，比如墨西哥至少从有历史记录开始便有了文化上的综合性。现代墨西哥的区域多样性在很大程度上要归功于铁路和墨西哥的经济增长，是它们促成了 20 世纪早期的文化繁荣。

从当代艺术到电影到墨西哥说唱乐，墨西哥的创造力一直保持着相当旺盛的状态。就算在民间艺术方面，墨西哥艺人的数量也处于历史上的高峰。[1]

东印度文化展现了被某些外来文化所淹没、用一段时间的调整加以消化，并以高品质的综合革新卷土重来这样一种重复的历史模式。雅利安人侵者带来了梵文（Sanskrit）和吠陀诸神。亚历山大时期将希腊文化带入了印度，强烈地影响了犍陀罗（Gandharan）雕刻。后来，印度跟罗马帝国有广泛的

1　见 Canclíni（1993）。

海运贸易。伊斯兰影响从 13 世纪起开始影响印度的艺术和建筑。波斯的影响在莫卧儿帝国早期特别重大，从 16 世纪一直延伸至维多利亚女皇时期（1526—1857）。这段时期的头 200年通常被看作是印度文化的高峰期。阿格拉市（Agra）的泰姬陵深受波斯风格的影响。波斯的影响在装饰艺术中也有很强烈的体现，不过印度的回应依然是通过吸收和转变外来思想的办法。英国和西方的影响在印度也遵循了同样的模式。印度现在是电影、小说和流行音乐的世界领袖，这些都得益于跟西方的接触。[1]

众所周知，皮利尼西亚人的自信与创造力被欧洲殖民主义与贸易所摧毁。考虑到其人口数量，这并不令人太过吃惊：在那个时候，塔希提岛的人口据估计不超过 3.5 万人。[2]

不那么为人所知的是，欧洲人所做的很多破坏是切断了波利尼西人自身的跨文化接触。隐藏在前殖民时期波利尼西亚文化背后的临界质量跨越时空的重重阻隔，在数世纪中一直维持着跨文化交流。精深的航海技术允许波利尼西亚人发展出比任一单个岛屿人口所能支持的更为复杂的文化。然而，

1　关于印度的外来影响史，见 Singhal（1969）。关于希腊对印度雕塑的影响，
　　见 P. Chandra（1981，p. 27）。关于跟罗马的联系，见 Warmington（1974）。
2　见 Withey（1987，p. 266）。

群岛的文化传播和综合过程是较慢与有限的，至少比起 19 世纪欧洲技术的冲击来说是如此。欧洲人的干预很快成了跨文化接触的核心，因此使得每个岛的文化更为隔绝与脆弱。波利尼西亚群岛没有办法再共同演化成一个完整、互有联系的宏观文化（macro-culture）。每个岛屿变成了同时遭遇欧洲人外科式打击的"文化小区"。[1]

因为这些原因，全球化更倾向于鼓励大的、内部有多样性的社会，而不是那种小的、独特的社会。当小的、原本很独特的社会开始跟外部世界接触的时候，它们很可能会失去自己的独特性。然而，小规模社会以黑格尔式手法融入了宽阔的文化潮流。存活下来的文化实体会变得更大，拥有复杂和多样的内在运作模式（inner working）。

语言的演化也反映了相似的多样性演化方式。现代化的确减少了全球性语言的数量，并在这个意义上限制了多样性；世界上的 6000 种语言里，至少有一半可能在下个世纪消失。

但是，我们不应该就此认为语言多样性在所有方面都衰减了。每种存活下来的语言都比以前有了更大的丰富性。英语有了更多的词汇，更大的写作形式，包括来自其他语言的

1　关于这点，见 *A New Oceania*（1993）。

翻译作品。小说有了更多的作者和类型，通俗和专业的科学作品在不断扩大，纯粹英语在印度、加勒比海和许多其他地方继续发展。我们不能对语言多样性是增加还是减少给出简单的答案。跟文化一样，语言间的巨大数量差异在不断减少，但每种语言内部包含了更大的多样性。

　　作为文学全球化的媒介，印刷机对多样性的影响也非常复杂。一开始，人们普遍认为印刷机会以牺牲当地欧洲人的方言为代价，确立拉丁语的统治地位。事实恰恰相反，印刷机帮助许多民族语言在学术与文学方面成为拉丁语的有力挑战者。这些语言发展成了更为丰富多样的表达媒介，就这点而言，多样性是上升了。同时，每个地区中有一种语言，通常是当地的本土方言，将其他竞争语言压制下去，占据了主导位置。方言的数量和影响衰落了，就这点而言，多样性下降了。[1]

1　对印刷机的预则，见 Newcomb（1996，p. 107）。演化生物学的逻辑表现了冲突的多样性概念之间的权衡。隔离的人群能够更快速地演变成新的类型，只是因为他们跟大规模人群没有经常性的接触。如果一个极端和有益的突变在小人群中发展起来，要是没有因为跟大规模人群接触而稀释掉的话，它更可能被保留下来。另外，大规模人群有更多的小变异。它有更大的初始多样性，以及更大量的可用于实验的基因库。我要感谢 Robin Hanson 在这方面的观察。

气质，广义和狭义

密涅瓦模式并没有摧毁气质，只是改变了气质的性质。正如我们对跨文化接触的预期一般，在限制社会间多样性的同时，它支持着每个社会内部的气质有更大的多样性。过去的各种气质聚到了一起，使各个地方的艺术生产不再具有独特性。然而，他们被大量局部或利基气质所替代。这些新气质在一般性和总揽性方面程度更低。

不同的气质在广度和整体方面都不一样。那些融入于部落宗教中的气质覆盖了生活的所有方面，包括家庭生活、性、艺术和村庄社会结构。另一些气质的影响则局限于生活的部分领域。硅谷的"程序员文化"，足球迷，或在20世纪80年代后期和20世纪90年代的青少年"锐舞文化"是那种较为狭隘意义上的气质的一些例子。这些气质提供了关于特定问题、艺术形式或目标的思维方式，但它们的影响不广泛。我将用"广义气质"和"狭义气质"来表示这两种形式。

限制了广义气质的数量的手法同时也在刺激每个社会中新的狭义气质的发展。经济发展和跨文化交流令一个社会的气质更为多样，传播得更广，也更欠缺总揽性。

我们在美国文化史中观察到的正是这种演化。报纸、书和杂志的传播削弱了美国的文化地域主义（cultural regionalism）。比如，阿肯色州的信息和思想不再与新罕布什尔州的截然不同了。这是同质化的趋势。不同空间的信息交流考虑到了文化利基区中有独特看法的（地理上较偏）新成员的流动。

举个例子，没有出版和分销的全国性网络，20世纪中叶的科幻小说革命就不会发生。科幻小说和杂志无法通过只将产品卖给当地读者而维持下去。虽然对绝大多数人来说，科幻小说只是生活的一小部分，但它却跟一种气质有关。科幻小说的传播用共同的预设和关怀塑造了读者与作者的一个核心主题。科幻小说的卖者几乎在所有问题上都没有一致意见，但他们更愿意考虑空间旅行、机器人及与非人类文化接触的重要性。广泛的共同关怀在文学、电影和计算机游戏方面取得了创造性成就；比如，没有这种背景，斯皮尔伯格和乔治·卢卡斯的许多电影是无法想象的。虽然科幻小说迷和作者从没有一个定义明确的地理和地域核心，但20世纪后期美国科幻小说所拥有的气质却是毋庸置疑的。

科幻小说迷没有共享像巴布亚新几内亚的部落成员所共享的那种完整和独特的世界观。科幻小说气质只跟生活的某些方面有关，而并没有提供一个关于整个生活的全面方法。比如，不存在关于烹饪和绘画的"科幻小说"方法。多数科幻小说迷和作者在这些方面所持的观点与主流无异。现代绝大多数利基气质，包括嬉皮文化、网络朋克、"计算机极客"文化、"都市女孩"文化和雅皮文化等也都是如此。

一般来说，所形成的局部小文化共同体是与地理无关的，就像它们的气质也不是根据空间上的邻近进行传递的。我们能够从地理上谈论气质的释放，而非气质的破坏。

互联网是文化传播的最新革命，它非常适合于这些狭隘气质的调动与发现。它可以将生活在世界不同部分的爱好者集聚起来，并以这种调整方式支持和创造狭隘的气质。

国家和国际交流越是代替地理和地域对文化进行定义，推动狭义气质增生的力量就越大。同质化包含了一群从共同的外界源头接受共同信息的消费者，这外界源头可以是报纸、电视或互联网。然而，一旦这些个体以高度发达的交流方法进入某个公共池（common pool）时，他们就自我分裂成为更加精细与多样的群体。企业家可以通过营销创造新的群体，再通过调动和拣选加以发展。分化为更加狭隘的气质不需要消除同质化，而能与同质化共存。一个人可以在痴心于锐舞音乐和网络朋克的同时热爱麦当劳与肥皂剧。在这些例子中，异质化和同质化是互补而非相反的过程。只有当一个社会变得更大及在某些方面呈现出更强的同质性时，很多内部多样性才会出现。与直觉相背，现代多样性在某种程度上依赖于同质化的倾向。

今天的"再生"现象并没有妨碍这些倾向，事实上，它说明了很多狭隘气质在当代的不断扩展。今天，有许多小文化出现了复苏。大众出版机构对近来的"再生"现象作了巨大贡献。一些垂死的语言，如威尔士语、巴斯克语和意第绪语又得到了关注。另一个例子是，美国印第安社区为保存他们的传统作了很多努力。种族分离运动在很多地区又获得了新的力量。

这些现象经常被误解。新发展出的是狭义气质，而不是那种老式、有明显地理特征的广义和总揽一切的气质。西方和世界主义的视角不断地向这个群体渗透并施加强烈的影响。事实上，种族身份的复兴所涉及的是经过选择和精心分割的生活范围。这些群体中的大多数所拥有的并不是那种总揽一切的明确气质。比如，这些群体常常用互联网和手机而不是口头传播的办法来组织社区会议。

这些新的狭义气质的确与过去的那种旧式广义气质相符，就这点而言也许可以说是旧式气质得到了复兴。更准确地说，古老的传统经由狭义气质而得到转生，并因此变成了新事物。它们靠着大众文化以及更为同质化的中心地区的财富和交流工具而有了局部增长。现代性不断削减那些独立、整体的世界观的数量。

然而，我们发现密涅瓦现象并不会永远摧毁小文化。而且在经过了一段时间以后，小文化往往会重组并学会如何与大文化进行竞争，从而导致综合性的文化复兴。

如纳瓦霍人所展示的，美洲印第安人通过这种办法在近几十年获得了复兴。许多当代纳瓦霍纺织品、沙画（sand painting）和珠宝品卖出了很高的价格，并得到了高度赞扬。然而，纳瓦霍这次复苏的方式与最初纳瓦霍人的成功大相径庭。纳瓦霍创作者以跟美国主流艺术家类似的方式与外部市场做生意。在商栈将许多纳瓦霍人的作品卖给游客的同时，最好的纳瓦霍艺术家还把他们的名字放到原创艺术品上面，卖给多数位于圣菲的画廊。绝大多数作品不再具有清楚的仪式意义。纳瓦霍的创作者们视自己为追求个人声誉的独立艺术家，在这点上，他们在视觉艺术方面的气质显然是更为西方化的。我们已经见到了纳瓦霍的文化复苏，不过已经不再是原来意义上的纯粹纳瓦霍风格，而是掺杂了部分的西方化。

多样性的悖论

如果说有一种当代气质在全球范围内得以流行的话，那就是通过民主、相对的自由市场和现代商业社会所形成的一种个人自我实现的意识形态。这种世界观有许多种特定形式，但它在美国、西欧和日本占据统治地位。许多不发达国家，尤其是亚洲和拉丁美洲国家，已经以相似的方式在向下转移。正如福山在"历史的终结"中所注意到的，虽然独裁和反商业的政体依然存在，但自由—民主世界观在当前没有强大的意识形态对手。

当代世界的气质非常有利于多样化。商业社会支持许多种不同的风格与类型，而且创造了大量的艺术环境。毫不奇怪，美国为抽象艺术、流行音乐、爵士、当代古典音乐、电影、诗歌、建筑、传记以及严肃与流行小说等艺术类型提供了广泛的舞台。这种多样性同时包括过去的杰作与当代的新作。[1]

不过，现代商业社会的多样性提出了一个悖论：在一个特定的社会中不断增加的选择菜单反而可能限制了整个世界的选择菜单。随着商业的传播，远离于西方经验的社会越来越

1　这个主题见 Cowen（1998）。

少。全球生产所培养的艺术产品只能出自亲多样性的气质。

在已经提供了丰富产品的美国与欧洲社会中，艺术收藏家们也许无法受益于巴布亚新几内亚的成功商业化。这样的个体也许更喜欢那个污秽、未开发、短缺的巴布亚新几内亚，类似于霍布斯所说的自然状态。这样一个社会，由于其与众不同的气质，能够生产发达国家所欠缺的文化产品，如情感激烈的部落雕塑品。西方人用不着承担生活在这些社会中所付的代价就能够购买这些产品，或至少可以在博物馆中欣赏它们。

巴布亚新几内亚只是一个例子。许多知名的第三世界和乡土社会的作品根源于排斥多样性的文化，至少根据我们在现代商业社会的定义是如此。这些社会的根本气质是基于狭隘的宗教、社会实践和政治制度。他们的许多艺术跟礼仪与仪式功能紧紧相连，并从这些来源中获得了许多活力。如果这些艺术和仪式在一个充满了大众媒体、摇滚乐和好莱坞电影，更不要说新教与摩门教传教士的自由思想市场中竞争的话，它们的重要性便会逊色许多。

商业化并不会榨干第三世界和乡土社会的创造力来源，但会削减它们的独特性，至少相对于已经商业化的西方来说是如此。很多出自反多样性气质的文化产品已经消失了，由于这个原因，不管跨文化交流获得了多大成功，我们也不能持完全乐观的态度。正是多样的选择菜单及其所产生的利益需要为今天世界的许多悲剧性文化失落负责任。

第四章　好莱坞何以统治世界

电影是全球化的一块心病。当我们讨论世界音乐、视觉艺术或文学的时候，会很容易地看到贸易导致了更为多元化的选择菜单，并帮助很多地方实现文化认同。在所有这些文化领域中，市场为许多生产者提供了发挥的空间，很大程度上这是因为生产成本相对较低。

那电影又如何呢？美国在这方面的出口力强过其他任何文化地区。电影的制作非常昂贵，而且任一年份的电影出产量都远低于书、CD 或画作。这些条件看上去有利于大制作商，有损于利基市场。所以如果跨文化交流可能在某个领域出现坏结果的话，那肯定就是电影行业了。

电影制作在地理上也有集群的倾向。许多文化革新和突破在空间上都很集中。如果一位优秀的意大利文艺复兴时期画家不是出生于佛罗伦萨、威尼斯或罗马，那一般他也会搬到这些地方去。相似的说法也适用于好莱坞，那里通过吸引全世界的电影天才巩固了自己的市场地位。[1]

这种集群已经达到了非常极端的程度，而且好莱坞已经成了人们指责美国文化帝国主义时所举的一个典型例子。特别是欧洲电影无法参与全球市场，在本土市场也不能占上风。许多人认为在电影领域，全球化是威胁而不是希望。

这些指控背后的理由是什么？好莱坞的电影生产集群到了什么程度，以及为什么会发生这样的集群？为什么欧洲电影在经济上如此不振？更一般地，跨文化交流在电影领域破坏了多样性吗？

为什么集群发生在好莱坞？

当前欧洲电影的萎靡是由一些反面力量造成的，包括电视、过度的补贴、人口、语言、美国市场的规模，以及好莱

1　关于一般性的文化集群现象，参见 Kroeber（1969）；Porter（1990）和 Hall（1998）提供了一个更为现代的分析。这个现象是古罗马作家 Velleius Paterculus 首先观察到的（1967 [A.D. 30]）。

坞更为企业化的环境。尽管一些负面问题可以归罪于全球化，但跨文化交流并不是这个故事中的首犯。

美国在电影制作上有一个天然优势——它拥有以美元计算最大的电影单一国内市场（虽然从观众人数上看印度要更大）。专业从事电影制作的国家往往是那些最热衷于看电影的国家，比如美国和印度。中国香港是该法则的一个例外，不过大的境内市场的确是一个天然优势。仅仅考虑到语言和文化背景，就可想象本国观众往往（虽然并不总是）更喜欢本土作品，这会鼓励生产向该地区进行转移。

然而总量市场规模仅仅是决定谁会成为市场领导者的一个单一因素。比如，美国长久以来一直是一个大国，但欧洲电影在本土市场上占据很低的份额却是近来的事情。在 20 世纪 60 年代中期，美国电影占欧洲大陆票房收入的 35%；今天这个数字变成了 80%—90%。美国人口与看电影人数的增加并不能解释这些变化。[1]

而且，好莱坞只有特定类型的电影集群现象。在一般年份，西欧国家所制作的电影数量要超过美国。从数字上看，世界绝大多数电影是产自亚洲，而不是美国。印度一年制作

1　关于美国电影在欧洲的收入增加，见 Puttnam（1998，p. 266）。

800—900 部商业电影是稀松平常的，相比之下，美国的电影生产数量是 250 部左右。[1]

好莱坞的优势集中在一种非常特定的电影制作类型上：那种娱乐性极强、高度可视（highly visible）并具有全球影响力的电影。一部典型的欧洲电影的观众数是典型的美国电影的1%。美国电影在国际市场上越来越受欢迎，而欧洲电影则影响力越来越小。[2]

并不奇怪的是，欧洲人在每部电影上的投资要少于好莱坞制片商。根据 20 世纪 90 年代早期的一个估计，每部欧洲电影的平均预算为 300 万美元，而美国电影的平均预算则是 1100 万美元。一部主流好莱坞电影（与独立电影相对）的平均预算是 3400 万美元。这些数字没有包括营销和观众调查方面的预算，在这个领域美国电影商的花费远超过欧洲的同行。一部好莱坞电影的国内和国外营销支出平均来说至少是 3000 万美元。欧洲的估计很难找到，部分原因是数字太小了，不容易进行测度。[3] 问题并不是为什么好莱坞制作的电影比欧洲多，因为情况并非如此。真正的问题是为什么好莱坞电影获得了更大

1　关于西欧，见 Ilott（1996，p. 14）。

2　关于逐渐拉大的差距，见 Dale（1997，P. 119）。

3　见 Ilott（1996，p. 27）和 Dale（1997，p. 31）。

的全球出口方面的成功，而欧洲电影针对的则是数量小但相对忠诚的当地观众。

近至 1985 年，法国电影在国内市场的票房还超过好莱坞产品。从那时起，好莱坞在法国获得了很高的电影收入（经常高达 80%），主要是因为法国的收入下降了，而不是好莱坞的收入提高了许多。[1]

这个变化的转折点看起来是始于 20 世纪 70 年代。在 20 世纪 70 年代以前，不管这个产业的整体问题如何，多数欧洲电影仍然获得了巨大的出口成功。从那时起，欧洲电影制作者便眼看着他们的出口市场崩溃。在本质上，现在好莱坞是在每个国家与当地的欧洲制片商竞争，而不是跟跨欧洲的出口商品较量。

电视的流行以及相应的时机破坏了欧洲电影业。当电视在整个欧洲普及的时候，电影受众减少了。在德国，1956 年卖掉了 8 亿张电影票，但到 1962 年只卖掉了 1.8 亿张。同时，电视机的数量则从 70 万台增加到了 720 万台。在英国，电影观众数从 1967 年的 2.92 亿人次减到了 1986 年的 7300 万人次。在法国，电影观众数从 1956 年的 4.5 亿人次降到了 1988 年的

1　Segrave（1997，p. 270）和 Pells（1997，p. 275）。

1.22 亿人次。在日本，1985 年售出的电影票数量只是 25 年前的 1/6。这个冲击的灾难性质不应被低估。[1]

负的需求冲击迫使欧洲减少电影的生产。跟在一战前后欧洲电影另一次危机时期的做法一样，好莱坞填补了这个空当。当欧洲竞争者至为脆弱的时候，好莱坞便成了最强者。

好莱坞制片商也遇到了相似的观众危机，只不过时间更早一些，因为电视在美国的传播速度要快得多。电视在美国的普及要比欧洲早 10 年或更长一些。美国电影观众人数下降了大约 50%，但这是发生在 1946—1956 年期间，比欧洲要早。到了 1955 年，美国家庭的 2/3 已经有了电视机。[2]

好莱坞迅速地迎接这个挑战。从 20 世纪 50 年代开始，美国制片商通过在营销、华丽的场景和特效制作上进行巨大的风险投资来回应电视。在 20 世纪 60 年代，美国导演尝试更自由地处理性和暴力;这个倾向于 1966 年抛弃"海斯法典"（Hays Code）时得以定形。到了 20 世纪 70 年代，好莱坞电影变得远比 10 年前更能令大众观众兴奋。《大白鲨》和《星球大战》

---

1 见 Kaes（1997，p. 614），Dunnett（1990，p. 43），Noam（1991，p. 59）和 Dis-sanayake（1988，p. 16）。

2 见 Rifkin（2000，p. 25）关于美国电影观众下降的时间。关于 1955 年的统计，见 Caves（2000，p. 94）。

是这个新纪元的标志。好莱坞已经有了精心设计、能与电视竞争的革命性产品。此时，欧洲电影制片商无力与电视竞争，被这个强烈的负面冲击打得落花流水。对好莱坞而言，电视首先冲击美国市场可以说是因祸得福。

人口问题进一步恶化了欧洲制片商所遇到的困境。在多数国家，有很大数量的 35 岁以上人口不再去电影院，而更喜欢看电视。看电影是年轻人的事。多数欧洲国家因此遭受了双重打击。首先，他们的人口年龄平均要比美国大。其次，传统的欧洲电影的艺术电影院（art house）风格更适合于年龄较大的观众观看。这使得它们特别难以出口。更吸引年轻人观看的多厅电影院的出现，更进一步强化了这些问题。

一个自我强化的动力机制扩大了好莱坞的出口优势。美国的成功使得融资更为方便，并拥有了更多的营销支出，因此导致了更大的出口潜力。好莱坞电影在全球更为成功，而同时欧洲电影则瞄准了数量少但较有保障的收入来源，比如国家补贴、电视播放权、卖给政府监管的电视台。于是一个恶性循环出现了：欧洲制片商在全球市场上越是失败，就越依赖于电视收入和补贴。他们越是依赖于电视收入和补贴，在全球市场上就越是失败。

电视以不同的形式侵入美国和欧洲电影市场。在美国市场上录像带租赁是一个重要的收入来源，而在多数西欧国家，电视版权的出售扮演了更大的角色。

　　根据美国的数字（大约 1993 年），收费和免费电视占了电影收入的 19%，电影院是 27%，家庭音像品则是 49%。相反，法国的电影收入中有一半是来自电视收益。并非所有欧洲国家都如此依赖于电视，但法国是欧洲最大的电影制作商，按美元计算大概占了整个西欧电影产出的一半。[1] 欧洲电影的问题，在很大程度上就是法国电影的问题。

　　由于收入依赖于广播电视，欧洲电影不太适应于出口市场。电视提供了数量很大的被动受众群。许多看电视的人打开电视机就看，不怎么注意节目的具体内容。他们很少坚持对产品的高标准要求。针对电视市场的产品往往是世俗和公式化的，很少有耀眼的特技效果。我们发现美国的电视电影（made-for-TV film）也具有同样的特质。这样的电影中有一些非常精彩（如斯皮尔伯格早期的《决斗》），但绝大多数是平庸和乏味的，尽管好莱坞有极为优秀的才能。电视电影并不太适合于向大规模受众出口。在本质上，不管表面上的公映数量如何，欧洲只是比美国有更多的电视电影而已。

1　Ilott（196，pp. 10，27，各处）。

家庭音像品市场在美国更为突出，它比电视的竞争力更强、要求更高，并对电影制作者提出了更高的要求。顾客必须先走出家去租一部录像带。那么他们必须在影像店数以百计或千计的电影中挑选出一部来。而且美国因为有更大数量的有线频道，也就有一个更具竞争性的电视市场，这就对音像租赁提出了更高的质量标准。

在美国，电视和音像市场是电影院市场的辅助，增加了产品质量以外的影响力。虽然有一些电影单靠音像市场就能获得成功，但音像市场上的成功一般依赖于电影票房所产生的宣传效果。电视播放或电视版权销售的成功也是如此。在美国市场上，戏院收入同时驱动了音像收入和电视收入。在欧洲则相反，电视收入更像是戏院收入的替代品。欧洲电影很少获得巨大的票房成功，它更像是用来填补电视台的空白的。

电视和补贴的角色之间有紧密的联系。多数西欧国家的政府拥有、控制或严格监管当地的电视台，用它们来推进民族文化。一般来说，电视台要受到播放本国内容的要求限制，必须将一定比例的收益花在国内电影上，必须补贴电影生产，或者他们出于政治原因愿意为电影多付报酬。结果是电视台为播放权付出了更多的钱——这是欧洲电影制作者所获得的最重要的补贴。即使是在像法国这样的大国，一般来说电视观众也不会超过 100 万或 200 万——数量太少，支付给电影制作者购买电视播放权的这笔钱是不经济的。[1]

欧洲电影还接受了许多其他补贴形式。比如，在法国，直接补贴的来源包括中央政府、地区政府、欧洲补贴机构（如 Eurimages）和来自其他国家政府的合作生产（coproduction）补贴。通常法国制片人所需要的只是电影预算的 15%。法国制片人还能获得 "Sofica" 减免所得税计划（估计占总预算的 5%），政府的自动票房资助（估计占总预算的 7.7%），以无息贷款形式实施的被称为 *avance sur recettes*（预支票房收入）的自由补贴（估计超过总预算的 5%），以及促进法国电影出口的补贴。一份 1970 年的研究估计 60% 的预支补贴从未收回过。如果某部筹备中的电影在申请补贴的第一轮中就被淘汰的话，还可以获得钱来发展新的理念和重写剧本。有一个特别补贴基金资助跟东欧电影制作者合作生产。法国政府也会对建造与维修电影院提供资助——这是对电影制作者的间接补助——并鼓励法国银行为电影制作项目提供贷款。还有许多其他法国机构虽然不受国家控制，但其行动却与国家系统、

---

1 关于欧洲电视监管的细节，见 Grantham（2000，chap. 4），Dale（1997，p. 119）和 Noam（1991，pp. 107，112）。

获得补助的编剧、导演和制作公司共同进退。[1]

电影产业分析师马丁·戴尔（Martin Dale）估计，如果将所有补贴都算进去的话，国家至少提供了对每部欧洲电影的补助的 70%。考虑到补助计划的广泛性，以及它们的复杂性质使得追踪非常困难，这个数字只是大致的估计。然而补贴资助机构对欧洲电影制作所提供的不仅是援助，它们已经成了大顾客。[2]

补贴促使制作者为国内需求、政治家的愿望以及电影官僚服务，而不是生产用于国际出口的电影。他们所制作的电影有许多其实很难有机会单独获得利润。电影产业无法像好莱坞一样，发展出在需求预测和营销方面上的专业才能。

美国和欧洲的电影才能训练也反映了这些差别。美国电影学院在很多方面像商学院一样。欧洲电影学院更像人文学院，强调符号学、批评理论和当代左翼哲学。成功的欧洲导演往往建立并长期保持着政治关系。一份 1995 年的研究估计 85%

1　关于 1970 年的研究，见法国文化部（1970，p. 45）。关于这些补贴的更全面的清单和概要，见 Wangermee（1991）和在 http://forth.stir.ac.uk/~fmzpl1/France.html 上的"国际电影融资"。关于德国电影补贴的一些细节，见 Kolmel（1985）。

2　见 Dale（1997，p. 123）。

的法国电影导演年龄已经超过了 55 岁。年轻人才从一开始就把他们的眼光放到了好莱坞，而不是留在老家拍国内电影。[1]

有两个非好莱坞电影工业——印度和中国香港——获得了巨大的出口成功，它们一直拥有良好的商业基础。印度电影工业有一部分接受政府补贴，但绝大多数新出口的影片并非如此。它们是用于牟利的商业产品，并经常出口到国外，一般是出口到那些不发达国家，但也经常销往英国。从观看人数和电影出品数量等角度来看，印度电影是世界上最大和最成功的电影工业。印度电影经常因为他们的类型性质和愚蠢的情节而遭受批评，但从音乐、电影摄影和颜色的运用上来看，跟西方电影相比较，它们通常是非常美甚至是突破性的。

香港电影工业从 20 世纪 70 年代开始大量出口，主要对象是整个东南亚市场。在其巅峰时期，中国香港每年出品的电影数量要超过任何一个西方国家，并且在出口方面仅次于美国。此外，中国香港电影业是从一个在 20 世纪 60 年代后期被好莱坞所统治的市场中成长起来的。然而，在 20 世纪 70 年代

1　关于电影学院，见 Dale（1997，pp. 206-207）。关于导演的年龄，见 Micklethwait，Wooldridge（2000，p. 199）和 Dale（1997，p. 161）。

和 20 世纪 80 年代，好莱坞有时甚至无法占据香港本地市场的 30%。只是从香港回归的 1997 年开始，好莱坞电影才获得了票房总收入的一半以上。[1]

一开始，香港主要拍武术电影，但接着他们就扩展到警察电影、爱情、喜剧、恐怖和鬼故事等其他类型上。这些电影中的佼佼者，如吴宇森的《喋血双雄》《辣手神探》，获得了很高的艺术成就并影响了全世界的导演。大卫·波德威尔在近作《香港电影的秘密》（Planet Hong Kong）一书中指出："港片堪称 20 世纪 70 年代以来全球最富于生气和想象力的大众电影。"[2] 香港电影建立在商业基础之上，没有获得任何政府资助。[3]

很多对美国文化帝国主义的批评具有明显的欧洲倾向。今天的主流欧洲电影并不比 20 世纪 50 年代至 70 年代全盛时期更缺少创造力和活力。但是按最普通的批评标准，电影创造力在中国（包括大陆和台湾）、伊朗、韩国、菲律宾、拉丁美洲，以及许多非洲国家获得了发展。就算在欧洲内部，创造

---

1 关于香港电影，见 Bordwell（2000，pp. 1, 34，各处）。

2 中译文引自波德威尔，《香港电影的秘密》，海南出版社，2003，第 12 页。——译者注

3 见 Bordwell（2000，p. 1）。

力的衰落也只限于一些大国，如法国和意大利。今天的丹麦电影要比过去更为成功，西班牙电影也是如此。墨西哥和阿根廷电影正处于复兴期。虽然他们都在奋力抵抗好莱坞的竞争，但富于创造性的世界电影并未走入下降轨道。

英语，以及从无声电影到有声电影

英语跟美国的世界领导地位一起提高了好莱坞的出口地位。电影业的集群现象以及当前欧洲电影的危机有部分是根源于从无声电影到有声电影的转变。

与直觉相悖的是，有声时代的到来增加了好莱坞在世界电影中的份额。在那个过渡时代中，给电影院配备音响并为电影配音是非常花钱的。为了弥补这些成本，电影院要寻找能有大量观众的高品质、大投入作品。由于突然提高了制作和放映的固定成本，规模小、廉价、制作时间短的电影利润更少了。比起外国竞争者来，这个变化更有利于好莱坞的电影制片商。[1]

---

1 Segrave（1997，p. 74; Usabel 1982，pp. 80-82）.

一般来说，制作的固定成本越高，吸引大量观众就越重要，需求预测与营销也就越重要。今天高成本的特效和身价惊人的明星在以相似的方式催生大片（blockbuster），这同样对好莱坞的制作有利。

由于存在翻译问题，有声电影推动了英语的世界统治地位，令好莱坞受益匪浅。由于英语作为世界语言的重要性在不断增加，再加上美国的中心地位，欧洲国家比其他地方更迅速地从好莱坞进口电影。多种文化或语言共同存在的话，占据相对优势地位的那个往往比较有利，因为它确立了一个交流的共同标准。相反，在默片时期，由于语言不是问题，欧洲电影在出口市场上更为有利。

好莱坞决策者更多地将有声电影视作向外扩展的机会，而不是惊恐的理由。在过渡时期，一些电影决策者认为有声电影会使英语成为世界语言，这被后来的事实证明只是部分夸大的真相。[1]

美国和英语成了世界标准之后，就出现了自我加强的机制。美国观众是那时世界上最大的看电影群体，他们习惯于看

---

1 Crafton（1997，p. 422）。在特定部门或美国市场份额下降的年代里，出现了其他事件，如贸易配额、专利问题，或大萧条（Crafton 1997，chap. 17; Thompson 1985，pp. 164-165）。

讲本国语言的电影，而多数其他国家的观众对此很少有怨言。在德国，为著名美国演员配上德语的人如果拥有令人难忘的语言风格，也能够出名。为约翰·韦恩（John Wayne）、汤姆·汉克斯（Tom Hanks）或杰克·尼克尔森（Jack Nicholson）配德语的配音演员已经成了名人。

不同的语言预期意味着欧洲电影要进入美国市场，其难度要比美国电影进入欧洲市场大得多。美国的出口优势是基于外向型的制作者与内向型的消费者的结合。

有声电影的出现以及英语逐渐成为出口标准，强烈地推动了英国的电影出口。虽然英国在电影制作上从未成为过好莱坞的真正对手，但通过模仿好莱坞风格，许多英国作品获得了全球范围的成功。邦德电影和大卫·林恩（David Lean）的《阿拉伯的劳伦斯》或《桂河大桥》是最成功的例子。[1]

今天英国是向其他欧洲国家出口电影的领导性出口商。1991 年英国生产了 36 部电影，有 56% 出口到了法国。同一年，法国生产了 140 部电影，只有 14% 出口到了英国。意大利、西班牙和德国的出口成绩要远差于法国。并不奇怪的是，

---

[1]　比如，见 Puttnam（1993，p. 113）关于有声电影是如何在早年推动英国出口的。

英国每部电影的投资要高于其他所有欧洲国家，同时也比它们更少依赖于补贴。英国制片商的出口水平也已经维持了很长时间。考虑到他们的本土市场被好莱坞所占据的程度，英国电影必须通过出口收益来获得利润。[1]

我们也在其他电影市场看到了走向一个共同语言标准的趋势。整个阿拉伯世界有许多种方言，于是通过使用埃及阿拉伯语，开罗成了向其他阿拉伯国家出口电影的集散地。现在埃及阿拉伯语通行于整个阿拉伯世界，很大程度上是因为非埃及人看了那么多使用这种语言的电影和电视节目。现在观众更喜欢看埃及作品，这令其他阿拉伯国家更难与之竞争。印度有 15 种语言和 2000 种方言，但是孟买的印地语电影统治了印度国内的跨地区出口生意。虽然马德拉斯和其他地方生产的电影更多，但孟买电影获得了绝大部分投资，拥有最出名的明星、最多的影迷，且在国际上尤其是第三世界国家也最为成功。菲律宾也有许多种语言，但是塔加拉语在电影中是最为常见的。这证明了这些国家和分割的地区跟全球市场一样，也有走向一种统治性的电影语言的趋势。[2]

1　Ilott（1996，pp. 14，28）。

2　关于孟买的优势，见 Chakravarty（1993，p. 44），Gokulsing and Dissanayake（1998，p. 123）和 Lent（1990，p. 231）。

走向有声电影的过程提供了一个能将语言的重要性隔离起来的自然"可控实验"。在默片时代，电影的语言当然不是一个问题。

在本质上，有声电影使得非好莱坞制片商更易于占据部分本国市场，同时也使它们更难以出口海外。相比起默片时代来，20 世纪 30 年代的欧洲电影在它们各自的国内市场中所占的份额更大了。国内市场中有一定比例的比较偏爱本地语言的"非自愿"观众。由于获得本国市场更为容易、出口更为困难，所以欧洲电影制片商将注意力转向了内部。

在 1928 年到 1938 年间，法国电影生产量扩了一倍，而且在 20 世纪 30 年代，法国电影控制了超过一半的本国市场份额。1936 年，法国最卖座的 6 部电影全都是本国自己所产。在 75 部最卖座的电影中，有 56 部是法国出的，美国电影只有 15 部。在 1935 年，法国全年电影收入的 70% 归法国本土电影所有。而在默片时代高峰期的 1925 年，美国出口占据了法国市场的 70%。[1]

1　见 Crisp（1993，p. 12），Andrew（1983，p. 57），Hayes（1930，pp. 194-195）和 Sklar（1975，p. 222）。配额限制规定美国电影不得超过市场份额的 7/8，美国电影从未占到过这么高的比例。关于 1925 的情况，见 Magder（1993，p. 21）和 Costigliola（1984，p. 176）。由于德国和意大利法西斯主义猖獗，限制进口外国电影，所以法国市场提供了最为清晰的比较。

有声时代为无法大量出口的民族电影提供了最好的相对优势。相比起好莱坞，这些作品的出口数量也没怎么下降，因为本来就接近于零。电影在匈牙利、荷兰、挪威、墨西哥和捷克斯洛伐克等地开始兴盛起来，至少相对于默片时期来说是如此。香港电影始于 20 世纪 30 年代，并将粤语方言作为在中国南部销售的主要卖点。相反，默片时代的重要电影出口商如瑞典和丹麦，在有声电影时期的表现就没有那么好了。[1]

有声电影时期也通过引入原声音乐改变了电影。在 20 世纪 20 年代，以美国作品为主的外国电影占据了印度大约 85% 的市场份额。到了 20 世纪 30 年代末，就降到了 20%。在新的有声电影时代，电影音乐比对话更能吸引印度观众，而且这个优势一直维持到了今天。好莱坞在生产高品质的印度流行音乐方面没有任何比较优势。印度制片商以他们的音乐为基础推销自己的电影，并迅速在孟买、加尔各答和马德拉斯发展出新的电影生产中心。[2]

1　见 Armes（1987，p. 63），Dibets（1997，p. 219），Schnitman（1984，p. 15）和 Teo（1997，pp. 6-7）。

2　关于这些，见 Barnouw 和 Krishnaswamy（1963，p. 39），Sklar（1975，p. 226），Baskaran（1981，p. 99）和 Armes（1987，p. 62）。关于埃及音乐，见 Khan（1969，pp. 23-30）。

音乐也在阿根廷扮演了相似的保护性角色，那里在有声电影时代的早期出品了数以百计的音乐喜剧。阿根廷人卡洛斯·贾戴尔是一位像探戈歌手多过像演员的艺人，他在这个时期成了最炙手可热的拉丁电影明星。好莱坞在为外国观众制作歌舞剧方面从没有很强的比较优势，它的国际影响也相应受到了限制。然而，歌舞剧的衰落令民族电影借以抵抗好莱坞进口的这个传统领域被大大削弱了。[1]

集群的动力

在某种程度上，电影生产在地理空间上集群的原因仅仅就是"没有理由"不去集群。集群使得运送相关货物和服务的成本较低，在经济上有利可图。

作一个一般性的经济类比。美国各州间的贸易和流动性比西欧各国更大。这导致了美国各州拥有不同的经济特色。

从经济的角度看，西欧各国的相似性要大于美国各州。美国绝大多数州没有钢铁工业，没有汽车工业，也不种植小麦；

1　关于贾戴尔，见 John Kirg（1990，p. 37）和 Schnitman（1984，p. 54）。

它们是向其他州或国家购买这些产品。而西欧国家通过补贴和保护主义，往往可以拥有自己的钢铁、汽车、乳品和农业部门。美国国内的自由贸易允许不同的州及地区进行高度专业化，并由此形成不同的经济特色；如果拥有更为自由的经济环境的话，西欧各国也会走上相同的道路。[1]

在基础产品可流动的情况下，贸易和专业化会导致地理上的集群。多数美国花生都产于乔治亚州和弗吉尼亚州，然后再运到其他地方。相反，美国的每个地区就像所有国家一样，都有自己的水泥工厂。集群生产、运输水泥所导致的交易和运输成本太高了，不具备可行性。然而，动作电影在这方面像花生多过像水泥，尤其当它可以推销到许多文化群体的时候。

好莱坞的电影集群有部分是受到电影制作本身短期、动态性质的影响。一个电影项目可能会被拖延好几年，但一旦确定下来要拍，电影制作者出于迎合市场需要的愿望，会尽可能快地把它制作出来。他们需要在很短的时间内集合一大批熟练雇工，因此希望能够在一个集中的公共池中寻找人才。计算机产业也很类似，变动很快，许多项目周期很短，而且

1　考虑到集群会让每个地区拥有不同的经济和社会环境，因此也有助于维持独特的地区气质。

一旦定下来开工，便需要在很短的时间内集聚起一大批人才。相同的力量打造出了硅谷和好莱坞。

　　在好莱坞制作电影并不总是最便宜的。其实，好莱坞电影制作公司总是担心有多少电影会被外包到成本更低廉的加拿大、澳大利亚和其他地区。相反，集群化可以令发现、排列和评估电影中的重要资产如明星、导演和剧本等更为容易。不管电影在哪里制作，这些工作仍然是在好莱坞而非温哥华或悉尼完成的。

　　集群化的好莱坞在评估电影项目，以及预测和处理消费者需求方面拥有超人一等的能力。好莱坞集中了这些领域的人才。讽刺的是，结果拍电影在欧洲要比在美国更为方便。在好莱坞，电影公司对制作项目非常苛刻，并拒绝对那些很难获得商业成功的项目进行投资。绝大多数欧洲电影制作者不会采取相似的过滤措施。好莱坞是一个集群。有部分出于同样的理由，纽约和伦敦是集群化的银行中心。在这两个例子中，能够对大规模项目进行评估的人才集中到了一个地方。[1]

　　电影制作在最近30年变得越来越昂贵，很大程度上要归因于特效、不断上涨的明星薪水和营销支出。所有这些情况

1　上面的分析采用了 Ilott（1996）。

都使得需求预测和项目评估方面的技能拥有越来越大的天然优势。这又不断增加了好莱坞的天然优势。

最初的集群通常会产生雪球效应，并吸引了更多的人才来到商业中心。现在像雷德利·斯科特，保罗·范赫文、贝纳多·贝尔托鲁奇这样的西欧导演要拍流行电影，他们就跑到好莱坞去。于是最初的差异不断自我积累而不是自我回复（self-reversing）。

由于这个原因，某个"转折性"事件可以将集群从一个地方转移到另一个地方。以电影为例，法国由于第一次世界大战而失去了他们的市场主导位置，因为它在四年间事实上停止了电影生产。好莱坞填补了这个真空，并在20世纪20年代第一次向世界市场大规模渗透。雪球效应改变了累积的方向，而且第一次世界大战结束仅仅几年后，美国便迅速取代了法国成为世界最大的电影出口商。[1]

集群神话

一个常见的神话是：美国之所以统治世界电影，原因在

---

1 见 Krugman（1979，1980）关于雪球效应的研究。

于它的垄断力量。但是所有欧洲的主要经销商都被欧洲媒体集团控制，并受到欧洲政府的监管。在美国的"多厅"电影院线被加拿大控制，及有一阵被加拿大和英国联合控制之后，银幕上所放的电影没有什么变化。

第二个关于好莱坞电影占尽优势的神话是它在本土市场上已经捞回了成本，所以能够将电影以低廉的价格卖到国外。"它已经付过钱了"，因此能倾销到国外。

这个看法并没有为美国电影所占据的市场份额提供基本理由。它至多解释了为什么电影院会放好莱坞电影，但没有解释为什么观众会这么喜欢看好莱坞电影。当欧洲消费者选择是看一部美国电影还是当地电影的时候，一般来说票价是相同或大致相同的（如果说美国电影有什么地方更贵的话，那就是排队等的时间更长）。美国电影的优势不断上升的原因是，在同样的价格下，欧洲消费者更喜欢看美国电影。

如果那些认为好莱坞的基本优势在于电影出租成本这一方面的批评者是正确的，那么我们就应当观察到播放美国电影的欧洲电影院相对较空。（考虑一个极端的例子，如果放一部好莱坞电影的成本为零，那么进口的数量就会非常多，甚至会出现电影院为空的情况。）引进这些电影是因为它们较便宜，而不是因为它们较受欢迎。但我们并没有观察到这个结果。美国电影在欧洲上映的时候，欧洲评论家抱怨电影院全满了。如果好莱坞是由于成本因素而不是因为受欢迎才统治了市场，那欧洲人就不应该像他们现在那样恐惧文化帝国主义。

认为好莱坞电影"已经付过钱了"的论调还有另一个逻辑漏洞。所有国家的电影，只要被制作出来，就都已经付过钱了。基本问题是：什么被制作出来了，什么被安排到海外上映了，而那依赖于消费者需求。那么多好莱坞电影被制作出来，而且配以庞大的制作和营销费用，因为它们可以吸引大量观众。[1]

相似的思维可运用到许多媒体产业中，诸如加拿大人指责美国以非常低的成本倾销电视节目和杂志，因为制作者已经在美国市场上赚了钱。但是，我们一般会观察到美国产品受欢迎不是因为它便宜，而是因为它更能娱乐大众。

正确的看法是，拥有巨大国内市场或"被动"市场的制作者往往能够获得资金以制作更好的产品。因为他们有大量

---

1 有时候，我们的确可以找到美国电影在一个国家数量很多却吸引不了观众的情况。20 世纪 50 年代的德国提供了一个例子（Garncarz 1994, p. 101），但这是一个例外。对用这种逻辑解释好莱坞占据优势的其他批评，见 Noam（1991，pp. 12-20）。

的固定观众，能够投入更多的钱提高质量，并能更容易地通过售票回笼资金。因此布基那法索的电影不会有昂贵的特技。然而，这个论点又让我们回到了越贵的电影就是越好的电影这样一个结论，如果从更为客观的美学角度看并非如此的话，那至少观众是这么认为的。

如果我们分析电视市场，就会发现倾销论是荒谬的。在某种程度上，好莱坞电视节目或电影的版权在欧洲卖得较便宜，但这是因为欧洲电视台有很强的议价能力（用经济学的语言，那就是"垄断"）。直到最近欧洲电视台部分解除管制之前，一个国家中买节目的就是一两个政府拥有或控制的频道。通过议价，单一买家可以压低购买好莱坞电影的价格。讽刺的是，过去好莱坞电影贱卖给电视台的做法补贴了欧洲那些国家控制的、非商业性的电视节目。[1]没有买家垄断的话，电影版权的价格就会上升，以正确反映电影的流行程度。

我们注意到尽管美国电视节目拥有世界上最大的电视市场，但它在出口方面却远没有电影那么成功。本国电视节目一直是非常流行的，即使是非洲国家也控制了本国电视市场的很大一块份额。虽然有一些美国节目在出口方面很成功，

1　Noam（1991，p. 20）。

但也没办法打入每个国家。《达拉斯》在巴西和日本的成绩很差。美国电视节目没有占领世界的迹象，恰恰相反，它们在许多国家不断丧失市场份额。比如在1998年，美国电视节目在西欧的任何一个主要市场上都不能进入前10名。[1]

部分原因是，电视节目面对的是更为被动的观众，也不需要任何电影媒介的技术标准。好莱坞在制作低成本作品方面从来没有过很强的比较优势。在某些类型如肥皂剧方面，巴西和墨西哥的出口能力比美国更强，这又一次说明了好莱坞在国际市场上的优势是有限的。[2]

美国甚至无法占领拉美的西班牙语电视市场，虽然从购买力上看，美国国内的3000万拉丁人构成了最大的单一观众群。迈阿密的电视台的多数电视剧是从墨西哥和南美进口的，而不是美国制造。结果，一些美裔拉丁人反对这种现象背后的"文化帝国主义"，希望能代之以迈阿密制作的节目。[3]

1　Micklethewait 和 Woolridge（2000，p. 194）。

2　关于美国在出口电视方面的不尽如人意，见 Negrine 和 Papathanassopoulos（1990，p. 160），Dunnett（1990，pp.41，194-195），Allen（1996，p. 123）和 Berwanger（1995，pp. 316-317）。

3　关于拉丁市场，见 Navarro（2000）。

美国文化帝国主义？

当好莱坞向全球市场渗透的时候，可以在多大程度上把它说成是美国文化的出口？抑或是催生了一种新的、超越了特定美国起源的全球文化？对这个问题没有简单的答案。

文化帝国主义的批评者提出了相互分离并有部分矛盾的两个指控。一些人对美国的商业主义和个人主义气质向全球扩展感到非常愤怒。另一些人的抱怨则集中在持强烈全球市场定位的那些具有相对普世文化特色的产品，而不是基于民族与地方特征的本土产品。这两个批评都说出了部分的真相，虽然它们指向的是相反的方向。

如果我们看那些大腕们的民族身份，那么好莱坞是具有很强的世界主义色彩的。很多好莱坞大导演都不是出生于美国。在 2001 年最知名的好莱坞导演中，雷德利·斯科特（英国）和詹姆斯·卡梅隆（加拿大）就是如此。阿诺德·施瓦辛格、查理·卓别林和金·凯瑞是非美国出生的美国明星中的佼佼者。今天美国多数大电影公司都被外国人所控制。往往会出现日本公司索尼雇用欧洲导演在加拿大拍摄并向全世界出口的情况。在世界上的大娱乐公司中，只有时代－华纳是由美国人控制的。

　　不管是好是坏，好莱坞努力迎合全球观众的心态。在好莱坞向越来越多的非英语观众推销产品的过程中，好莱坞电影也变得越来越普世化。动作电影比配有大量对话字幕的电影更受青睐。肢体类喜剧比语言类喜剧更受欢迎。当然，观众数量越多，产品或明星也必然更具普世性。整个世界，或甚至仅仅5000万全球消费者，是很少有意见一致之处的。更大的普世性意味着电影所涉及的是人类的一般特征，但它也可能造成平淡乏味和公式化的处理手法。批评者声称美国文化在操纵全世界，但事实上，两者是在同时被相同的力量所决定的。

　　非美国电影如果想打入外国市场，也必须争取普世性。成龙的电影《红番区》在美国市场获得了成功。然而，制片商对电影作了部分删除以迎合美国观众。所有的动作场面都保留了下来，但讲述成龙与女主角关系的段落被删去了，这部分是因为女主角（梅艳芳）在亚洲是大明星，在美国则少人知晓；另一部分原因则是这段关系体现了"中国人"价值观中的义务与忠诚，而不是西方人的那种性爱浪漫。[1]

　　加拿大最成功的文化出口要数"禾林"爱情小说。1990年，"禾林"卖掉了超过2亿本书，占据了美国市场上平装本

1　见 Fore（1997，p. 250）。

销售的 40%！加拿大批评美国文化帝国主义的人绝少引用这个例子，很大程度上是因为这个出口成功跟他们没什么关系。"禾林"爱情小说并没有反映特殊的加拿大式视角（不管这指的是什么），它所针对的是广大女性读者。[1]

除了这些强大的普世主义力量以外，也不能忽视好莱坞电影制作中的美国特性和民族构成。好莱坞总是吸收美国的民族气质以作为电影灵感。美国人的英雄主义、个人主义和自我实现的价值观非常契合于大屏幕与全球观众。的确，只要能卖得好，好莱坞什么都愿意生产。但是，好莱坞能把各种风格的电影拍得多好，要依赖于它固有的灵感来源。好莱坞在制作电影方面的成本优势根源于广受瞩目的美国式价值观，并因此在出口这类电影方面有内在优势。如果不是根基于部分美国式气质，电影制作在好莱坞集群是没有意义的。

由于这个原因，像美国这样的优势文化在出口价值观和塑造其他国家的偏好方面比较有利。以食品市场为例。许多第三世界的市民喜欢去麦当劳，不仅因为食物合他们的胃口，而且还因为麦当劳是西方和美国的一个耀眼象征。当他们走

---

1 关于"多厅"电影院，见 Gomery（1992，p. 105）。关于"禾林"的历史，见 Twitchell（1992，pp. 52-93）。关于"禾林"的加拿大性质，见 Audley（1983，pp. 101，107）。

进麦当劳的大门时，他们就进入了一个不同的世界。麦当劳公司对此心知肚明，它就像超级商场一样，在第三世界内部展现西方商业的魅力。麦当劳的产品满足来自全球的需求，但其核心概念却根源于美国。麦当劳的形象和产品系列已经在美国市场上得到了检验，而且利用食品与社会生活间的关系来大打美国牌。

当然，所传播的美国气质成功地混合了民族与世界主义的影响，且在任何狭隘意义上都不再是纯美式的了。和美式饮食一样，美国电影从一开始就是综合的、混杂的产品。好莱坞的发展很大程度上是靠了外国人——来自东欧的犹太移民——而且主要用来满足美国的城市观众，而他们则来自世界各地。

此外，好莱坞的普世性在某种程度上已经成了美国民族文化的一个中心部分。商业化迫使美国将"能卖到全世界"的东西作为自己民族文化的一部分。美国人已经将他们的国际胜利与多元种族作为民族自我形象的一部分。通过这么做，为了成功赢得全球市场，美国人在部分程度上抛弃了他们的排他主义性格。

就这点而论，好莱坞的全球市场定位是一种浮士德式交易。要占领全球市场，就要为全世界的消费者牺牲掉自己的最初文化视角（perspective）。出口的美国文化中极少有阿米

什拼布和梅尔维尔。关于恐龙的电影《侏罗纪公园》在国外
市场上所向披靡，但指向永恒美国历史与民族文化的《阿甘
正传》所赚的钱则多数来自本国市场。

生活在边缘的优点

好莱坞的出口成功塑造了电影市场。最显著的是，它投资
制作出了场面壮观的超级大片。这些作品中有许多审美水准
一般，还有一些则相当优秀，但很少有评论家会认为它们是
好作品。很明显，如果我们用观众偏好作为评估的标准，那
么好莱坞就是成功的。

在这些大片以外，经济上的成功有助于该产业的多元化。
并非所有好莱坞作品都切合"最小公分母"模型。好莱坞出
产了各种各样的独立电影、创意喜剧，和无法轻易用现有类
型进行界定的电影。好莱坞在 20 世纪 90 年代后期尤其以生产
了大量高品质、非主流的作品而闻名。

"微预算"（Microbudget）电影在美国远比在欧洲更为常
见。微预算电影是指刚入行的导演所拍的小成本电影，一般
来说耗费少于 10 万美元。这些"微电影"中最出名的有斯派

克·李的《她一定能得到》，科恩兄弟的《血迷宫》，以及《布莱尔女巫》。所有这些创新产品都是由导演一手打造的，不受电影公司的约束。

好莱坞既有最大的演播室设备，也生产了最多数量的微预算电影，这并不是偶然的。任何一个电影产业都必须能常规性地提供流行作品。健康的商业基础应该能够支持电影院、制作公司、电影学院和营销机构等基础设施。独立电影和创新型电影的制作者们受益于大公司所提供的基础设施。

大公司总是在寻找收买和"腐化"独立电影制作者的机会，在这个意义上，两个电影世界之间一直处于战争状态。但在更大的意义上，它们之间是互补的。将独立力量商业化的主流欲望有助于它们的存在。导演自己投钱制作微预算电影，部分是因为他们接着就有机会从大公司那里获得一份合同。这样的合同会提供金钱与资源，让他们能够拍摄心目中的伟大作品。除了斯派克·李和科恩兄弟，像弗朗西斯·科波拉、彼得·波丹诺维奇、马丁·斯科塞斯、乔纳森·戴米、大卫·林奇、萨姆·莱米、约翰·塞尔斯和吉姆·贾木许一开始都是靠微预算电影出名的。《布莱尔女巫》的导演们又拍摄了好莱坞式的续集，尽管水准很低，却赚到了百万美元。好莱坞的电影公司尽管非常守旧，且有着种种不足，但他们总是在寻找"另一个热点"。一旦发现某部微预算作品是有销路的，他们就会进行收买，但这同意也意味着他们为独立市场提供了"奖励"。

相反，欧洲的电影公司从不预期能从他们的作品中获得高的回报，因此他们就采取了更为保守的态度。知名欧洲导演如戈达尔、贝尔托鲁奇、特吕弗、吕克·贝松和帕索里尼都是从微预算电影起步的。但欧洲电影在整体上的商业弱点使得它很难抓入和开拓这些机遇。[1]

欧洲电影缺乏好莱坞的出口保证并不完全是件坏事。虽然商业上的改进对欧洲电影肯定是有利的，但在这个产业完全"平等的竞争环境"并不利于多样性。今天的电影世界有个肮脏的小秘密：电影业中美国出口的优势也有利于全球风格的多样化。

好莱坞的全球力量意味着欧洲电影制作者要寻求不同的市场，激发不同类型的创造力。欧洲电影中的许多有趣品质之所以存在是因为它们没办法大规模占领世界市场。因为被关在世界市场大门之外，欧洲电影才能把注意力集中在语言和文化的微妙之处上。一般，它们不会有快乐但肤浅的结局，

1　见 Dale（1997，p. 243）。

往往会拍得更为有趣。在出口方面很成功的非好莱坞电影，如《四个婚礼与一个葬礼》，往往跟主流好莱坞电影有许多同样的通病：甜腻、老套的角色或不现实的快乐结局。

默片时代的欧洲电影在出口方面更为成功，也更像那个时代的美国电影，和今天的欧洲电影或 20 世纪 50 年代至 60 年代的欧洲电影相去甚远。由于针对的是较为分割的市场，欧洲有声电影走上了一条和好莱坞不同的艺术之路。好莱坞的强势经济增长尽管受到了巨大的批评，但实际上是有利于审美多样性的。

类似的，20 世纪 80 年代电影所表现出的创造力不是因为可以出口到美国和欧洲，而是由于打开了更小和更专门的东南亚市场。香港电影《羔羊医生》在 20 世纪 90 年代的香港市场获得了成功。这部电影很明显模仿了 1992 年的美国和全球卖座大片《沉默的羔羊》，可两部电影在气氛的设置上却有极大的差异。《沉默的羔羊》突出两位明星，朱迪·福斯特和安东尼·霍普金斯，并让他们在电影中有强烈、夸张的表现。他们之间有机智敏锐的对答，且展现出迷人的形象。电影最后一段是机械性的悬念，安排朱迪·福斯特找出另一个连环杀手。《羔羊医生》则是一部更为惊恐的作品。它没有为观众设置悬念，而是从一开始就揭示了结局。杀手的形象是阴郁而肮脏的，根本不是充满魅力、发音清晰的安东尼·霍普金斯所扮演的那个汉尼拔。我们看到的是杀手肢解受害者，沉溺于他的倒错迷恋之中，以及与家人的兽性争论。电影的结局并未令人纾解，观众所感到的是不自在。毫不奇怪，这部电影从未在美国市场上放映过。

全球电影的未来

在接下来几年，还不清楚好莱坞是会获得还是失去相关市场。欧洲电影已经显示出了一些积极的信号。比如在 2000 年，法国电影占据了本国市场的 60%，为 20 年来之最。这在很大程度上要归因于几部成功的喜剧。一般而言，多数主要西欧国家对文化补贴的依赖都越来越少了。还没有一个国家完全放松了对电影产业的管制，但从长期来看这是一个趋势。[1]

可以理解，欧洲政府不愿意削减电影补贴。一旦好莱坞的出口优势得以全面体现，多数欧洲电影没有政府补助是无法生存下来的。从短期来看，自由放任政策会让好莱坞在欧洲获得更大的空间。但从长期来看，欧洲电影制作者会生产更具商业

1　关于近来法国电影的成功，见 A. James（2001）。

性的作品，而且这并不必然以伤害艺术品质为代价。欧洲的天然优势是制作艺术院线电影，而不是超级大片或特效奇观。

好莱坞有一个潜在的脆弱市场定位，因为它支付给明星的薪水和营销费用非常之高。尽管这些支出令好莱坞在全球获得了巨大成功，但也意味着美国电影制作者无法控制成本，而这往往是即将出现商业衰落的信号。曾经居于支配地位的美国汽车业史就是证据。通过降低生产成本，数字技术也令更多的局外人可以参与电影制作。

电影史已经多次证明，一部伟大的电影可以用很少量的金钱制作出来。这种类型的电影可能在票房上没有《泰坦尼克号》那么高，但它们能使现在处于挣扎中的那些国家的电影业得到复兴。当然究竟是欧洲电影制作者填补市场空间，还是亚洲电影攻城拔寨，这还尚未可知。

然而，欧洲电影是可以扭转不利局面的，他们过去就曾这样做到过。在 1973 年，好莱坞只占有意大利市场的 23%，意大利制作出了大量有商业价值的高品质电影。好莱坞在第二次世界大战以后统治了意大利市场。但部分通过向好莱坞学习，意大利电影制作者把市场夺了回来。[1]

1　见 Muscio（2000，p. 127）。

　　在理论上，欧洲政府很愿意回到 20 世纪 30 年代至 70 年代。那个年代证明好莱坞在世界市场上的强势存在并不意味着欧洲电影的末日。

　　第二次世界大战之后，欧洲电影一般都接受补贴，但数量要比今天少得多。马丁·戴尔估计，20 世纪 60 年代补贴数平均大概只占每部欧洲电影预算的 20%，现在则大约是 70%。特吕弗、费里尼、维斯康提、伯格曼等人的名作有基本的赚钱目的，所针对的是竞争性市场，虽然在不同程度上有政府参与。[1]

　　再往前推，20 世纪 30 年代是法国电影的一个"黄金年代"。这个时期最著名的法国电影包括《亚特兰大号》（让·维果）、《日出》（马塞尔·卡尔内）、《母狗》、《大幻灭》和《游戏规则》（以上都为让·雷若阿所拍）。那个时期拍摄了超过 1300 部电影，涉及各种类型。在这个时期，法国电影没有接受政府补贴。对美国电影的法律限制没有意义，也没有将好莱坞作品驱逐出法国市场之外。[2]

1　见 Dale（1997，p. 123）。

2　见 Cris（1993，p. 12），Andrew（1983，p. 57），Hayes（1930，pp. 194-195）和 Sklar（1975，p. 222）。配额限制美国电影不能超过市场的 7/8，而美国电影从未占领过这么多的份额。Gomery（1985，p. 31）认为法国配额以变化和复杂的方式对美国出口有些影响，但即使是他都认为影响不大，对美国出口的影响不超过 15%。

在默片时代，法国占领了世界电影市场。第一次世界大战以前，法国电影占领了美国市场的70%，在拉丁美洲的份额更高。跟今天的情形相反，当时的美国电影制作者指责法国的文化帝国主义，并要求华盛顿进行贸易保护。批评欧洲电影鼓励道德放纵和腐蚀美国文化的指责不绝于耳。法国的回应则是他们的电影市场是开放的，并要求美国进行平等的竞争。跟今天的好莱坞一样，法国电影的支配地位和法国政府的补贴没有任何关系。[1]

无论如何，今天的全球电影正处于繁荣期，尤其是在亚洲。就欧洲电影而言，最好是重新挖掘能将商业主义与创造力联系起来的商业与文化动力。这就要依赖于国际市场和全球资本，而且在狭隘的保护主义环境中不太可能有繁荣。市场从不承诺会出现有利的结果，但是过分地与竞争压力相隔绝只会在经济和审美上都陷入困境。

1　关于早期法国电影的优势，见 Abel（1999），Pearson（1997，p. 23），Roud（1993，p. 7），Armes（1985，pp. 19-23）和 Abel（1984，p. 6; 1994）。关于请求政府补助，见 Puttnam（1998，p. 41）。

第五章 "往下笨"和最小公分母

沃尔特·惠特曼评论道:"要有伟大的诗歌,就必须有伟大的读者。"吸引人来购买是不够的,买家也必须能够对水准作出判断。高水准的观众可以激发表演者,提供经济支持,监督文化品质,推行竞争优势标准。他们的喜好代表了对产品品质的判断力。约书亚·雷诺兹爵士在《艺术论》(*Discourse on Art*)中指出:"所有艺术家的最高目标就是成为他人眼中的天才。"要实现这样一个目标,最成功的艺术家也需要一个有恰当鉴赏力的观众。[1]

法国大餐美味可口,并在世界市场上获得了巨大成功,这部分是因为当地的法国食客对厨师有极为严苛的要求。在法国

1　见 Clausen（1981，p. 129）。

受训并从业的厨师都已经通过了非常严格并且竞争激烈的考验。他们必须做出能满足有着最苛刻标准的当地顾客的美食，而且他们知道自己所配制出的最为可口的饭菜会得到热情的褒扬。

懂行的顾客可以提升品质，无知的顾客则会破坏品质。许多"游客艺术品"的买主只是短暂停留且对此所知不多。质量只达游客标准的各种非洲面具在机场商店中被一视同仁地出售。多数买家只想要些有异国情调的纪念品，他们不会花时间考虑设计是否过时、手艺是否粗糙。供给者对此的反应便是提供低质量的产品。这可以解释为什么从艺术的标准看最好和最有价值的面具，主要用于部落舞蹈而不是卖给游客。

跨文化交流是如何影响消费者喜好的品位的？当供给者将物品卖给广大受众的时候，市场的力量是否会鼓励其迎合"最小公分母"？为什么有时候人们用"往下笨"这个短语来形容现代社会？全球化的文化所带来的产品是否鼓励了肤浅和缺乏鉴别力的喜好？

对这些问题没有简单的答案。正如我在本书中一直强调的，市场同时带来了更多的同质性与多样性。这种双重倾向刻画了消费者的喜好和更一般意义上的文化产品。现代人的喜好既没有变得更好也没有变得更糟。

我们同时见证了文化恐怖和文化奇迹。美国的电视脱口秀和游戏节目的确是越来越"笨"，越来越肤浅，越来越耸人听闻。它们迎合观众的低级趣味。过去，获得普利策奖的书通常都非常畅销，但现在这种情况已经很少出现了。

同时现代人品味的水准和成熟（sophistication）程度也令人吃惊。在现代世界，数量不断增长的利基消费者对他们感兴趣的东西有很深认识。这些业余爱好或生活激情，点亮了从佳美兰（gamelan）音乐到非洲电影到后殖民小说等成千上万种可能。现代书店或 CD 超市所拥有的多样信息是一个世纪前无法想象的。这个世界同样还有更多对更大数量的文化商品有更深认识的专家。全球文化里的那些小领域也往往有热情的支持者借助互联网或其他现代技术进行研究和欣赏。

所以我们应当拒绝任何关于"往下笨"的简单故事。完整的故事是在跨文化交流的世界中，一些高雅的喜好存活了下来并繁荣兴盛，同时也有许多喜好变得少见多怪、欠缺应用，或者堕落了。

最小公分母效应

一个非常简单和有力的机制可以说明跨文化交流能使喜好

变得更为明达和多样。正如我们已经看到的，市场规模的增长可以支撑更为多样的艺术形式。大量的受众也会鼓励新技术进行跨区域的迁移。第二章提供了包括雷鬼音乐、海地艺术和波斯地毯等在内的几个例子，表明了外国买家是如何刺激其他地区的新风格和类型的。在这些例子中，文化内部的多样性和跨文化的多样性都增加了，相应的喜好的品质和多样性也增加了。新的艺术形式培养了许多顾客，并鼓励他们关注外部文化。

另一种观点指控全球化引诱创造性艺术家将产品推行为最小公分母。那就是说，供给者可能推销那种所有人皆可欣赏的流行作品，代价是牺牲了持久的作品质量。[1]

孟买制片人 Romu Sippy 在解释为什么印度的流行电影总是不约而同地选择中间道路时说："神话电影不流行……因为这会冒犯穆斯林。方言电影可以，但它们无法吸引不说这种

---

1 近来因 Robert Frank 和 Philip Cook（1995）而流行的"超级明星"说与最小公分母说有些联系。它认为产品的可复制性使所有顾客都只注意市场里的宠儿，这样便减少了多样性。比如，将麦当娜的歌制成光盘，也许就会令本地的酒吧歌手失业。我在 What Price Fame（Cowen 2000）一书的第五章中对此有详细分析，结论是产品的可复制性通常会同时激励市场中最高水平和中等水平的表演者。当顾客无法什么是最佳达成一致时，可复制性则能帮助许多不同类型的创作者谋生。在任何情况下，"超级明星"说都与全球化和跨文化交流议题没什么关系。

语言的人。如果你拍了一部 dacoit（强盗）电影，你就无法获得没有出现过 dacoit 的南方市场。西方化的电影也许在受过教育的城市居民中受欢迎，但是在人力车夫、小贩和乡下人中呢。如果你的电影被评为成人分级（相当于美国 X 级），那你就会失去年轻观众。如果你制作了一部好的、干净的电影，也许评论家会很喜欢，但商业上会是个失败。哪怕电影中只有一点点性内容也会冒犯 Uttar Pradash[1] 邦的正统印度人，他们去看电影的时候首先要考虑是否能带上他们的女儿。因此所有人都可看并能理解的便是动作电影。"[2]

好莱坞也以相似的方法努力向全球观众表达普世性。当好莱坞向更多的非英语观众推销的时候，这些电影就变得更具一般性。动作电影要比配有对话字幕的电影更受欢迎。肢体类喜剧比语言类喜剧更受欢迎。整个世界很少有一致的地方，就连一个数量在 5000 万左右的全球消费者团体也无法达成一致。所以供给者有时会将他们的作品推销给大群体而不是小群体。相应的问题是，多样性是否受到了伤害，跨文化交流是会恶化还是会改善这一点。

1　原文为 Uttar Predesh，疑有误。——译者注
2　见 Iyer（1989，pp. 248-249）。

固定成本和多样性

为了理解最小公分母效应，我们必须回顾并讨论"固定成本"这个经济学概念。根据定义，固定成本是与受众数量无关的成本。在这里，生产需要可获得利润的最小规模。

有个简单的例子，纽约市有许多剧院，但小城镇一般没有剧院。小城镇的观众数没有大到可以平摊布置舞台、支付演员薪水等固定成本。总人口较少的话，剧院必须吸引占人口比例很高的顾客量，这意味着要推销能引发普遍兴趣的产品。易装癖戏剧也许在纽约或柏林能吸引数百观众，但在托皮卡[1]就很难了。

出于相反的理由，当我们雇佣十几岁的孩子为我们的草坪除草时，固定成本是很低的。提供服务不需要什么最小规模，因为除草人在固定技术上投入甚少。就算只有很少一些房主需要除草工，也有人愿意提供该项服务。但如果固定成本增加了，比如需要一台割草机的话，那么提供服务要保持有利可图就必须增加顾客的数量。

绝大多数文化形式都需要某种程度的固定成本（注意到我

---

1 美国堪萨斯州首府。——译者注

使用了除草工这个零固定成本的非文化例子，因为很难找到合适的文化实例）。不管以后为多少顾客服务，艺术家的技能通常需要在训练方面进行巨大投资才能掌握。或者以电影为例，必须要花一定的钱在营销电影和布置电影院上。

固定成本是生产多样性的障碍，并限制了顾客的选择。其他条件相同的话，固定成本的下降令消费者选择上升。低的固定成本意味着市场可以服务于利基喜好与少数派喜好，而且选择菜单会变得更广而不是更窄。

幸运的是，一般来说跨文化交流可以降低固定成本，并令最小公分母效应变得更不可能。新技术和新思想的国际性转移显著地贯穿于整个文化史。如果没有通过中国和伊斯兰世界引入纸张，欧洲文学以及印刷机技术是不会走向成熟的。眼镜和墨水笔也一样重要。现代电影市场和电子复制音乐市场也依赖于许多国家的技术革新。在所有这些例子中，地区间的贸易会降低生产的固定成本，并使选择菜单更为丰富。

虽然总的来说是非常正面的，但我们仍然能够设想出更多的受众导致了产品多样性减少的例子。比如，由于有固定成本，每年只能生产一定数量的电影。大量观众也许会鼓励电影制作者迎合主流的喜好，而不是满足少数群体的强烈偏好。在这个例子中，大的世界市场能够限制而不是刺激多样性。

但是，我们从经验上可以找到大量潜在受众支持产品多样性的强烈证据。一般来说，大城市比小城市或农村地区有更多的文化多样性。回到前面纽约的剧院和人口较少地区的剧院之间的比较。纽约的剧院能够提供更高程度的多样性，这主要是因为有更大的观众需求。顾客的数量越大，抵消特定作品的成本也就越容易。如果我们去观察音乐、戏剧、文化阅读、书店或其他文化活动，就会发现大城市和富裕地区有更大的多样性。

电影可能提供了关于最小公分母效应的最有力证据。我不在这儿重复第四章所作的分析，简单地说就是电影的商业主义和出口要比一般所认为的更有利于电影多样性。

最小公分母效应的确会在某些环境中突然涌现出来。有时候许多受众想要消费相同的产品。许多爱好者（fan）为了能有共同语言，会去看同一场超级碗比赛，或追捧同一个电影明星。许多人痴迷于麦当娜、迈克尔·乔丹和泰格·伍兹，只是为了能成为更大的共同体中的一员。在这些例子中，大量受众能诱使产品变得更为乏味，更具一般性，产生了最小公分母效应。就每个人都在试图分享共同的经验而言，大量受众并不必然会刺激出更为多样的产品。大量受众会促使供给者寻找能被大量顾客所共享的商品或体验。这会驱使人们去寻找大顾客群中的最小公分母。

但就算在这样的例子中，同质化也并没有将多样性排挤出去。个体并不仅仅想和其他人分享共同的体验，把所有其他价值观排除在外。他们同样也可以寻找令自己与众不同的文化体验，或者提供对人生来说独特的意义。通过调动支持者抵消尽可能多产品的固定成本，更大的市场可能帮助顾客满足这些方面的需要。所以当受众数量的增加支持市场中央（center of a market）出现最小公分母效应时，它同时也在市场边缘产生了更大的多样性。乏味的"巨星"的传播过程同时也能产生更多"小星"和相应的狂热崇拜。

最后，如果我们正确地理解最小公分母这个概念，那么合于最小公分母的文化并不一定是坏事。市场令人们可以分享共同的体验。我们不应当要求我们的文化在所有场合下都表现出多样性。许多人都希望能够跟他们的朋友谈论同一个运动队和名人。有时候他们还希望跟其他国家的陌生人有共同的爱好或业余兴趣。当所提供的主流产品成了唯一可提供的东西，而且市场无法支撑多样性和边缘处的小众情感时，最小公分母文化的确是件坏事。但正如我们已经看到的，这在现代世界中并不真实。

"最小公分母"这个短语是对不受欢迎的事物的情绪性指

控。"最小"和"公"两个词具有负面含义，而"分母"听上去很冷，像是敌视创造性文化的一种商业数学。没有人，尤其是知识精英，会支持被这样描述的文化。然而，在仔细分析之后，我们发现这个概念的基本意思类似于"普世性"，一个内涵更为积极的单词。一个普世性的文化产品着眼于人类的一般特性，并吸引了为数众多的受众。难道我们这个世界不该提供这类产品吗？

我们如何消费，以及喜好的品质

最小公分母观点的另一个版本是认为更大的市场意味着更为弱智或单纯的顾客。要么进入市场的新顾客不如过去的优秀，要么随着市场的扩大，喜好的品质不断下降。从逻辑上看，这个担心要比纯粹的最小公分母观点更为合理。只有当市场喜好的新分母根据某些标准变得低下或出现退化的时候，最小公分母效应才会是一个问题。

要搞清楚跨文化交流和产品多样性是否伤害了顾客喜好的品质，就要讨论一些定义。如果消费者将时间、精力和注意力都集中在商品上，我就称之为精致（intensive）消费。相反，如果消费者的注意力分散，那就是粗放（extensive）消费。当我们阅读所有贝多芬的传记、购买全套交响乐的唱片，并边听边看乐谱的时候，我们就是精致型消费者。这样的行为能帮助产生高品质而非低品质的贝多芬作品。[1]

当我们用遥控开关变换频道，并迅速从一个节目跳到另一个节目的时候，我们就是粗放型消费者。我用"频道冲浪员"一词来指更一般意义上的该类消费者。一个频道冲浪员会很迅速地从一个网页跳到另一个网页上，拿起十本小说却一本也没读完，或买了许多激光唱片但从没有仔细听过其中任何一张。

一个消费者是精致型的还是粗放型的，往往依赖于所处的环境。如果我要搬到外国去，而且只能带上少量英语书，我可能会带上莎士比亚和斯宾塞的作品，这是两位值得反复仔细阅读，可以让我渡过许多不眠之夜的经典作家。当我住在免费公共图书馆边上，有很多选择的时候，我可能更愿意带上一些可随意浏览的作品。如果我选择的作品令人失望，我就还给图书馆然后再借一些。当我自由上网的时候，我不会花很多时间浏览某个网站或网页。

---

1 关于"精致"和"粗放"两个术语，我要感谢 Andy Rutten 的帮助。

　　我们是精致消费者还是粗放消费者，有部分要受我们的情绪或智力特征，或者社会领袖的示范等因素的影响。但机遇也能影响我们的消费模式，这其中就包括跨文化交流的程度。[1]

　　"一次性文化"这个概念代表了欧洲人对美国或更一般意义上的商业主义的讽刺。按这种看法，产品的丰饶使得个体在使用商品之前可以进行随意尝试，并能很快转到另一种商品上。用更为分析性的术语，那就是机会的增加要比用于消费的时间和精力的增加快得多。技术发展不会让我们的一天超过 24 小时。闲暇时间的增加、更好的生活预期和更大的购物中心让我们有更多的时间用于文化消费，但却无法跟上产品的增长速度。[2]

　　根据这种观点，如果每个人都"只是匆匆进行"他们的

1　从 78 转唱片到 LP 到激光唱片的运动已经减少了某些音乐消费的精致程度。78 转唱片的不方便在某种程度上是因祸得福。技术的笨拙以及每面唱片的时间很短（大约三分钟）使得听众除了仔细听音乐外无法做任何事。这种技术鼓励仔细倾听，并因此鼓励能够经得起仔细倾听的音乐。

2　Staffan Linder（1970）写了"越来越痛苦"的有闲阶级。Linder 认为经济增长为市场提供了更大数量的商品，但一天的时间仍然是固定的。Linder认为休闲的消费者在本质上是痛苦的，可以做的活动要比他能做的多得多。他认为市场经济就是高血压、交通阻塞和圣诞匆忙购物，这都是由于经济增长。跟 Staffer 关注心理压力相反，我所关心的是多样性如何影响了个体对产品质量的监督。

消费活动，那受众的注意力将变得非常涣散。当受众消费或要求制作者体现出水准时，他们无法精确地辨识品质。于是，创作者便会提供同质的消遣作品，以低成本进行生产，且无法维持苛刻的原创性标准。这样，产品多样性就有对现代文化进行浮士德式交易的可能。我们能够尝试越来越多的产品，但这种自由意味着很多消费者会花越来越少的时间和精力在每一种产品上。

要找到这种机制的实例并不难。比如，游客就往往是粗放型而非精致型的消费者。他们经常随机地选择餐馆，或在其他游客推荐的地方就餐。对他们来说，找到最好的饭店要花去太多的时间和精力。在市场的最高端，游客可以咨询值得依赖的"米其林指南"，且长途跋涉只为一尝美食。但在市场的绝大部分层次里，老饕们应该去当地人频频光顾的饭店，因为他们才懂得哪里是好地方。如果我们发现某家饭店都是游客，那这个地方的饭菜很可能不怎么样。

在一个充满了全球化文化的世界里，顾客和商品都有极强的流动性。人们所虑的是，所有的文化关系在本质上可能都成了游客关系。这样一种文化可能像快餐连锁店一样非常快捷和方便，但缺乏原创性、创造性，或不断追求卓越的决心。全球化的批评者一般不会提及他们所述论点的正式模型。但实际上他们的"往下笨"观点就是在说跨文化交流对粗放型消费有利，损害了精致型消费。人们所担心的是，每个人都变成了粗心的"文化游客"，对各种各样的全球商品进行随机尝试，一点也不关心它们的质量。

比起那些认为市场驱动型的文化只为大众服务，没有更高追求的精英主义批评来，这种忧虑要有道理得多。就算我们用经济学家满足消费者偏好的标准来看，市场也可能提供了比消费者——指非精英型消费者——所想的更为平庸和肤浅的产品。

生产有水准的文化蕴含了消费者的一个集体行动悖论。比如，从集体的角度看，个体也许太过分地"频道冲浪"了。每个个体都最大化自己的收益，而不考虑他们的活动在总效应层面上削弱了文化。就像消费者不会在精致型和粗放型消费间作完美的结合一样，太多的产品最后变得极其平庸。

出于相似的逻辑，顾客也会在改进他们的喜好方面投资不足。可以想象，品味的提升是监督产品质量的一个好办法。如果市场上的所有爱好者都致力于提高他们的品位，那创作者就不得不提高标准以满足消费者。但在一个广阔的市场中，个人以一己之力，是无法从口味的提高中获得太多好处的。我提高了自己在食物方面的口味，当地的中国餐馆并不会因此提供更好的食品。厨师并不关心我是怎么想的，因为我只是他的市场中的极小一部分。投入了许多时间和精力不算，我最终也没有因为对食物的更高标准而尝到美食。但如果我们都提高自己在中国食物方面的口味，并学会如何辨别更好的产品，那厨师就不得不提高他的手艺，令更一般意义上的消费者受益。[1]

就全球范围而言，整个世界都受益于法国食客的挑剔。成功的供给者总是会改进他们的最初技术，首先满足以当地顾客为基础的需求，然后再将这些技能传递到其他市场。如果巴黎和里昂的居民突然丧失了对食物的兴趣，不仅是法国，整个世界的美食前景都会变得黯淡。法国市场里的顶级厨师提供了最严格的标准和令许多人——顾客和厨师——受益的训练环境，后者通常不会关心基础设施。

---

1 市场失灵论要求消费者偏好于优良的产品。即使"品味低下"的顾客也会对他们所喜欢的产品进行高下之分。比如，就算观众不打算用伦勃朗和普鲁斯特来代替肥皂剧，他们也更愿意看水平较高而不是较低的肥皂剧。由于这个理由，该论证并不是家长式的。市场失灵的可能还对市场的供给面提出了一些要求。创作者拥有市场权力并能够在市场的引导下额外提升质量，令其市场价值高于生产的边际成本。如果品味的提升可以带出更高的品质，除了文化品质的提升外，从经济效率的角度看福利也得到了改善。

成熟消费的弹性

前述逻辑的确为人们所观察到的某些同质化和"往下笨"现象提供了一个说明。幸运的是，文化消费在总体上并没有变得越来越肤浅。"频道冲浪员"的增加只是不断扩展的消费态度多样性的一部分。高质量的口味和顾客监督已经显现出了更大的弹性，且在很多方面导致了史无前例的繁荣。

就像同质化和异质化是协力运作的一样，粗放型和精致型消费也倾向于共同进退。额外出现的"坏喜好"只不过是市场规模的扩大以及市场多样性所制造出的副产品。

产品多样性同时鼓励精细监督和频道冲浪。口味是多样的，只有个体找到了自己的真爱，他们才会放弃频道冲浪，真正投入进去。随着产品多样性的提高，越来越多的（不同）个体能找到令自己着迷的嗜好。如果食品市场到处都是肉和马铃薯，那我既不会监督也不会进行精致消费；如果我能买辛辣的亚洲咖喱，那我的监督兴趣必然会大涨。日本"mola俱乐部"的成员对巴拿马海岸边的圣·博纳群岛上的纺织品非常着迷，这种产品很少受人关注。他们研究这些纺织品，进行交换，还去圣菲参观世界上最大的mola画廊。如果没有mola的全球化，很多人就不会那么热情地进行文化监督了。mola

激起了他们的兴趣和监督努力。

我称这样的个体为业余爱好者（hobbyist）。一旦业余爱好者找到了自己的兴趣点，他们就会进行专业的文化消费，并施以精致的监督。跨文化交流为业余爱好者和业余爱好者监督打开了方便之门。候选商品的菜单越广、公开性越强，与之结缘的业余爱好者也就越多。

业余爱好者和频道冲浪员是彼此互补的。频道冲浪员依赖于业余爱好者对质量进行监督，同时业余爱好者也依赖于频道冲浪员。跟精致的监督者一样，频道冲浪员也为其他消费者创造了额外的收益。频道冲浪员对大量商品进行抽样选取，让资金分布更为多样化。就算他们在这样做的时候不加任何区分，也能产生同样的效果。这既增加了多样性，也让业余爱好者有进行监督的机会。一个创意环境因此就在精致和粗放消费之间达成了平衡，而不是只偏爱前者。

最老到的消费者会将精致和粗放消费结合起来。许多业余爱好者只有在涉猎了大量作品的情况下，才会懂得欣赏自己的爱好，并作出准确的评价。一个只听过莫扎特的人很难对作曲家有深刻的认识。一个不断在录像带上看同一部肥皂剧的人是精致型消费者，但也没对其他人产生什么好处。

顾客要对当地产品作精确的判断，就必须提出标准。这些标准不可避免地要互相比较，所以就必须向其他文化开放。尝试过欧洲食物的美国顾客对新鲜配料和美味面包会有更高的标准。欧洲顾客在去过美国之后就会要求饭店提供更好的色拉自助桌。通过引发买家的想象力，法国的印象主义画作刺激了全世界的当地画派。20世纪早期，从著名的1913军械库展开始，美国逐渐引入法国的艺术杰作。这些艺术作品不仅仅启发和教育了美国的画家们，而且还刺激了美国买家的需求，并为现代艺术的热心收藏者创造了基础。

频道冲浪员和精致型消费者能受益于同一种消费技术。例如，遥控开关能让业余爱好者更轻易地找到新节目——这些节目可能成为他们的最爱。喷气飞机让富裕的美国人也能够监督巴黎餐馆。音乐唱片让人们可以重复听同一首作品，研究各种音乐变得更容易了。许多爱好者利用录像带进行反复揣摩——他们每周要看好几遍《星际迷航》《辛普森一家》或《宋飞正传》，而且对这些电视节目有很深的理解。当代的艺术博物馆允许参观者重复欣赏同一幅画作或雕塑品，并培养对艺术的品位。互联网支持对某个领域的精致研究，而不仅仅是粗略地浏览各种网页。

频道冲浪技术把爱好者们聚集起来，令他们步调一致。比如，科幻小说就拥有许多热情和成熟的读者。这些爱好者竭力监督他们所阅读的小说，组织俱乐部和会议，宣传优秀作品等等。他们利用互联网或相对廉价的旅行机会互相交流。尽管这些人住得很分散，但却能像当地顾客一样监督和提升产品的品质。和过去不一样，"当地"顾客的概念不再局限在地理上。

业余爱好者能帮助已全球化的文化保留非全球性文化的许多特质。尽管业余爱好者在数量上较少，但他们的热心和参与有助于提升文化的品质与原创性。消费者监督的水准（至少）依赖于两个要素：有多少消费者在监督某种商品，以及每个消费者在监督方面投入了多少精力。尽管产品多样性减少了监督某样产品的人数，但监督者的热情和见识仍然可以使它的水准得以保持。

市场自身的全球性质对热心的顾客监督有利。在荣誉（pride）机制之下，法国美食的全球成功令许多法国人关心起享饪来。新一代法国厨师依然要接受即时和严格的检验，这种做法同时促进了法国和全球的烹饪技术。牙买加人对雷鬼乐的认同也在很大程度上要归因于它的全球性成功。雷鬼乐一开始在牙买加只是少数人的爱好，只有反叛的年轻人才喜欢这种音乐，但现在它已经成了民族瑰宝。

改变世界或说服别人的快乐感鼓舞了许多人去监督文化产

品的质量。爱好者所建立的网站会对文化创作者进行追踪或监督，然后不断扩展，尽管这些人很少能够获得相应的物质回报，但他们仍乐此不疲。此外，网页制作者也非常愿意表达他们的观点，进而影响其他人。互联网鼓励个人成为文化领域的专家，这样的话，他们就可以把自己的观点传播给更多的受众。换言之，个体进行监督并不仅仅是为了提高消费的质量。许多消费者把监督过程看成是快乐的源头和跟别人交流喜好的手段。

"Zagat's 食物指南"依赖于各地读者的推荐和报告，然后将这些信息传播给包括游客和参观者在内的广大客户。Zagat's 的声望和影响力令读者非常乐意提出他们的推荐。通过让当地顾客互相交流以及鼓励他们提交报告，Zagat's 已经增强了所调查领域的当地顾客群的力量。一年一般会有超过 10 万人为 Zagat's 的评级作出贡献，且这个数字还在不断增长中。许多人，包括笔者，会在个人网页上自发地贴出自己的评价；我自己写的关于华盛顿特区的餐饮指南已经有 35 页长了。[1]

许多精致消费在多元和全球化的经济里仍能屹立不倒。不少消费者抵制多样化，或有意识地组织起来以维持他们所认

1　关于 Zagat's，参见 Harmon（1998）。

同的文化。这些人以忠诚、传统、习惯或甚至是偏见的方式
保卫当地文化。这些当地顾客群所基于的是某种程度的地方
主义和对世界主义的质疑。

　　就算在富裕和相对开放的社会里，少数派群体、局外人以
及歧视的受害者也更愿意进行精致消费。这些人觉得被许多
主流文化产品所排斥，于是便一门心思钻入到他们的消费品
中去。许多少数派共同体内部的制度和规范将"当地"文化
品视为共同体内部的身份象征，进一步强化了这种倾向。例
如，非裔美国人便特别喜爱非裔美国人的文化产品，这有助
于进行精致的监督。[1]

　　多数年轻消费者以几近狂热的程度进行精致消费。今天的
年轻人不会想要全面掌握关于世界文化的知识，但他们会试
图精通某些在同伴中非常流行的文化产品。他们会连续看同
一部电影好多遍，或重复听同一张专辑。

　　这样，年轻人就为市场经济提供了精致消费的坚实基础。
12 岁到 20 岁之间的青年虽然只占美国人口的 15%，却构成了
电影观众的 30%。24 岁以下的年轻人占电影观众的 40%。24

1　对包括非裔美国人在内的少数群体所表现出的文化活力，还有一种可作
　　互补的解释，它认为这些艺术家更愿意进行冒险，因为他们没什么可以失
　　去的，也得不到什么良好的工作机会。

岁以下的消费者所购买的摇滚、流行乐、黑人/城市乐和乡村音乐作品占总量的 40%。青春期购买力多年以来不断上升，而且可能在未来一直持续下去。根据某项估计，1990 年 15—17 岁的消费者直接支出了 230 亿美元，且影响了父母一代大概 900 亿美元的支出。[1]

就算年轻人的确消费了大量低质量的垃圾文化，但他们也为许多优秀文化摇旗呐喊。许多著名的当代音乐革命都来自于青年文化和观众，这其中包括披头士、滚石、"汽车城"音乐、说唱乐和西雅图垃圾摇滚。这些类型后来也很受年长听众的欢迎，但年轻人一开始便对创新和品质进行了监督。

年轻人的精致消费至少令制作者感受到了某种标准。以电视为例，一开始看《星际迷航》（原初系列[2]）和《辛普森一家》的都是非常年轻的观众，但后来却具有了某种正典性（canonical status）。《星球大战》电影一开始针对的是年轻观众，创作者设置了一些令电影可被重复观看的特征，如相关角色的历史和背景。接着这个神话就超越了年轻人的圈子，成了更一般意义上的电影文化的重要标志。

---

1 见 Stipp（1993），以及 Christenson 和 Roberts（1998，pp. 15-16）。

2 《星际迷航》系列电视剧的前三季被星际迷们冠名为"原初系列"。——译者注

最后，职业评论家扮演了维持品质与多样性的专业监督者
角色。通过直接付钱或观看广告等间接方式，顾客雇用专家
和评论家以获得相关建议和专业化知识。评论家是劳动分工
的产物，让市场节约了监督方面的费用。

我们通常认为宾馆饭店（hotel restaurant）价高质劣，因
为有一些住宾馆的客人会成为被动消费者。其他餐馆太远，
客人也有可能有某种依赖情绪。总之，有理由相信宾馆饭店
的水准很一般。

但是，在高档饮食方面，我们可以在米其林美食指南的
推荐中找到许多宾馆饭店。一顿饭如果要花 100 美元甚至以
上，饭店就不能只依靠当地顾客。除了当地的有钱人，它们
还要吸引富裕和见多识广的游客与各地美食家。实际上，是
这些人雇用评论家——通常是米其林或高勒 - 米罗（Gault-
Millau）[1]——告诉他们哪些餐馆值得一试。

当然，评论家无法解决所有的质量问题。许多顾客不打算
付钱给评论家，他们更愿意搭便车，坐享其成。他们希望能
从其他顾客那里听到评论家的观点，或者通过观察什么样的
产品受欢迎来推测评论家的观点。由于这个原因，评论家靠

---

1 与米其林齐名的美食指南。原文为 Gault-Milleau，疑有误。——译者注

这项工作很难过上不错的生活。而且，顾客如果无法判断产品的质量，那他可能也无法判断评论家的水平。评论家也许只是把问题换成了另一个，但没有解决问题。跟导致品味层次太低的原因一样，每个消费者也可能在监督质量的评论家方面投资不足。

如果相对于评估所需的努力，被评估物品有很大的价值，那评论家和专家就能发挥最大的效果。我们会雇用专家评估钻石的品质，但不会花钱在黄铜上。我们会买《消费者报道》以考察市场中的新汽车或音响，但不会这样评估图钉和回形针。同样的，找到可信的顶级餐馆品尝指南比较容易，而要发现同样可信的当地小餐馆指南难度就大了。评论家需要支付某些固定成本，因此评估那些高价值的文化产品才是有利润的，比如精美的食物或昂贵的画作。当一位艺术收藏家打算竞拍某幅梵·高的绘画时，他肯定愿意就作品的真实性问题去咨询评论家。

因此，富人在全球化文化中很少碰到质量问题。消费昂贵产品如钻石、原创绘画和"米其林餐馆"食物的人在经济上很宽裕，愿意向评论家咨询。通过弱化顾客监督，跨文化交流减低了某些领域的产品质量，但富人却没受到什么影响。穷人光顾当地小餐馆的次数更频繁，所消费的产品一般价值较小。他们主要依靠普通顾客而不是职业评论家来监督质量，因此在前述集体行动问题上会遇到更大的麻烦。[1]

名牌

近来的"拒绝名牌"运动将名牌看作是促进文化同质化的幕后黑手。在美国，这些人认为从消费名牌产品中"解放"出来可以使整个社会变得更美和多元化。[2]

要理解为什么这些人会如此憎恨品牌，就要先搞清楚品牌的作用。一般来说，市场用名牌来确保产品的质量。消费者没有时间或精力研究某种产品的优点，他们便依赖名牌进行信息鉴别。当我们步入诺斯丹百货商店、麦当劳或沃尔夫冈·帕克（Wolfgang Puck）餐馆的时候，我们已经有了合理的预期。新泽西州快速道路执行处在休息站建立了全国闻名的

1　当然，并不是所有买画作或去米其林餐馆进餐的人都是有钱人。某些消费者对文化和美食有特别的爱好，愿意在这方面花钱。类似的，去小餐馆吃饭的也不都是穷人；不管出于什么理由，有些有钱人不愿购买昂贵的食物。在这些情况中，全球化对昂贵的艺术品而不是有钱人有利。购买画作的穷人依然能够从全球文化中得益，而去小餐馆吃饭的有钱人则不然。

2　关于拒绝名牌运动，参见 Naomi Klein（2000）。

快餐连锁店，以提高饮食质量。现在，驾驶员在去快速道路休息站的时候已经很清楚他们所能得到的食物。

品牌的信息功能除了实践上的作用以外，还会向标准化产品倾斜，并远离独特和创造性的产品。一个全国性名牌的创建通常需要一种全国或地区范围的同质产品。偏离了基本模式的特许经销商会被终止经销权或起诉。

在全国性连锁店中很难找到烧烤食物，这正是一个有意义的对照。由于存在很强的地区因素（北卡罗来纳州的烧烤与得克萨斯州大不一样），烧烤炉和调料的相关生产技术很难进行复制，而且客户都是当地人，对特定的食物风格有很强的喜好。烧烤仍然维持着浓厚的当地传统，一直没有出现成功的全国或国际范围的特许经营企业。

对商业社会的批评者来说，像Jell-O、Cheetos、冷冻快餐和麦当劳这样的当代美国食物表明噩梦成真了。品牌的全国性营销要各种各样的制作者或特许经销商共同复制基本产品（basic product）。但可复制性限制了复杂性和创新性。品质要得到清楚的说明，而且母公司必须能相对容易地监督质量；换句话说，名牌质量要求某种中央规划。由于这个原因，名牌产品通常是按照定义明确的模式进行生产和营销的。

博登（Borden）、通用食物（General Foods）、比特莱斯食

品公司（Beatrice Foods）、通用磨坊（General Foods）、凯洛格（Kellogg）、卡夫食品（Kraft）、标准品牌（Standard Brands）、雀巢（Nestlé）、亨氏（Heinz）、皮尔斯伯（Pillsbury）和金宝汤（Campbell）等大公司提供了多数美国超市的多数食物。大的食物制造商和加工商的生产规模都非常惊人，它们利用规模效应压低原料价格。运作全国范围的仓储网络，最重要的是，在全国范围内进行销售。一般来说，企业要占据优势地位，就最好将公司名与基本产品联系起来；对许多美国人来说，"金宝汤"与汤是同一个意思。不管这些全国性品牌的经济效益如何，它们的确导致了同质化、产品单一化和相对低俗的品位。[1]

　　尽管这些分析都是有道理的，但对品牌的批评还是夸大了问题。品牌同时带来了创新和同质化。市场规模的不断扩大带来了更多的选择和多样性，而我们所观察到的同质化倾向

1　见 Levenstein（1993）。我们在烹饪以外的很多领域都观察到了名牌的同质化效应。比如，曼哈顿正在变成一个游客之都。曼哈顿的主要大道，如第五大道，现在已经变成了针对大规模受众（尤其是外地人）的广告大道。为了打广告，大的全国性和跨国连锁店都在纽约购买了上好的地段。这些店并不总是期望能赚到钱，只要能将品牌传播给足够多的游客就行了。曼哈顿正在变成一块越来越大的广告牌，而不是文化活力的孵化地。问题不在于这些实践是否有效率（显然是有效率的），而在于美学与经济学之间是合作还是对抗关系。

只是这个大故事中的一小部分。

当品牌在市场中扎下根来以后，同质化现象就会出现，但在品牌建立的过程中，它所带来的是创新。麦当劳的成功是因为它提升了散落于美国各个地方的当地快餐食物。它的炸薯条在许多小镇中仍然是最好的。塔可钟（Taco Bell）速食店增加了它所进入的许多地区的选择和食物多样性，尽管它算不上真正的墨西哥食物。这也为许多打算尝试更具创新性的墨西哥食物的个人铺平了道路。

莫顿牛排连锁店已经开了几十家分店，它提供高品质的牛肉，从芝加哥的中央仓库分销到全国各地，并以同一个餐馆品牌名进行销售。在每家莫顿连锁店都很相似的意义上，这里出现了同质性现象。但是每个社区的餐饮变得更多元了：离作者最近的莫顿餐馆位于北弗吉尼亚，现在那里可以尝到从中西部来的高品质牛排。

美国超市里到处都是全国性品牌，但同时也出售更多的外国食物和高品质食物。从矿泉水到高品质的奶酪和面包，各种各样的欧洲风味商品在美国市场上越来越多，这很大程度上是因为消费者需要它们。美食超市在城市和郊区不断扩张。推动它们发展的动力便是市场规模的不断扩大，它同时也导致同质性全国品牌的出现。此外，超市用它们的品牌来验证非名牌商品的品质和新鲜程度，这就增加了高品质食物的市场。

通常一个名牌能够带来创造性而不是一致性或同质性。名牌可能是一个有巨大创造力的个人的代号，比如一个顶级厨师用自己的名字给餐馆命名，或设计师用自己的名字来为一系列服装命名。艺术家或音乐家的名字就是一个品牌。如果一幅画署上了毕加索或马蒂斯的名字，顾客就会预期画作有相当程度的品质和创造力。我们通常不把这些称为品牌，但事实上它们遵循着同样的原理，只不过它们所支持的是多样性和高品质，而非同质性。

有了名牌，艺术家便可以尝试不同的风格，而不用担心会失去观众。毕加索经常改变风格，但买家们知道他们买的是毕加索。在一个完全匿名（也就是没有品牌）的艺术品世界中，要提高品质和多样性是很困难的。比如，最成功的艺术家会不断重复他们的最伟大作品，这样受众才能知道是谁做的。当受众想重新思考或关注一种新风格的时候，名牌可以消除对匿名的恐惧。

拉斯维加斯一年要接待3000万游客。我们也许会据此认为拉斯维加斯的食物很差，但事实上那里的食物非常好。可能除了纽约城以外，拉斯维加斯是集中了最多高品质餐馆的美国城市。除了赌场所提供的优质（其中还有补助）食物以外，许多第一流的美国餐馆，如 Emieril's（来自新奥尔良）和 Spago's（来自贝弗利山），都已经在拉斯维加斯开了分店。这些餐馆已经建立起来的名声为拉斯维加斯的游客提供了保证。餐馆依赖于总店的品牌宣传，这就需要当地顾客群的品尝和改进。市场会不断精简生产高品质产品所需要的当地顾客数。[1]

沃尔夫冈·帕克已经在一些美国城市开了餐馆，其中一家在芝加哥奥黑尔（O'Hare）机场，还有一家在墨西哥城。在某种程度上，这些名餐馆所销售的是名厨。不管我们怎么看待这些患上名人饥渴症的受众，该过程实际上对生产优质食物帮助甚大。通常厨师只在运作餐馆上投入了很少一部分时间和精力，但却扮演着"名人推荐者"（celebrity endorser）的角色。厨师将他的声誉押到餐馆上，以告诉可能的主顾：食物的质量很好。这种类型的分店会根据它们所拥有的自主权利进行不同程度的创新，尽管它们和推荐厨师的烹饪风格之间的联系是很微弱的。

名牌产品可以在各地开设分店，这提高了创造力的初始回报（initial reward）。创作者明白，如果他们拥有合适的创

1　关于游客的数量，见 McDowell（1998）。

造性，就能赚到很多钱。努德斯特伦餐馆在太平洋西北部[1]（Pacific Northwest）获得了成功之后，便向全国范围扩展。随着时间的推移，该店失去了自己原来的一些特殊风味，在这个意义上它反映出了名牌的同质化性质。尽管开拓者最终会融入市场的主流，但开分店赚钱的前景的确鼓励了一开始的创新行为。

高雅文化和低俗文化的分野

让我们对已经讨论的问题作一小结：全盘考虑以后，我们没有理由认为跨文化交流会减低顾客口味的品质。可能会出现一些负面的倾向，但我们只有把它放在多样性、创新和市场扩展的全面图景中才能有最好的理解。此外，业余爱好者监督的范围越来越广、越来越有效率、越来越专业，虽然它并未主导每个个人的生活。

托克维尔在批评民主社会的品位水平时，用历史上的贵族社会来作对比。我们现在可以用不同的术语进行重新比较。

---

1 美国西南部的一个地区，通常包括华盛顿州和俄勒冈州。

贵族社会的购买力集中在少数人手中，因此在某种程度上限制了改进品味背后的搭便车问题。一位贵族是以单一买家，或少数买主当中的一员的身份来资助艺术。如果他要求艺术家走向更高的标准的话，赞助人就能得到更好的作品。因此在其他条件相同的情况下，提升品位的激励相对较大。[1]

然而，贵族社会在许多其他领域没有培养出良好的品位。产品多样性的倾向被弱化了，而且市场的规模很小。贵族社会的买家数量少、市场相对较弱，以及买家所持的是接近于排他的精英式观点，因此并没有太多艺术自由。贵族社会的赞助人也限制了品味的标准，这部分是因为他们没有受到许多观念和风格的冲击；也就是说，他们的消费范围不够广。虽然贵族社会里的一般监督水平较高，但监督范围并没有扩展到许多市场中，而且没办法吸收各种类型的知识。简而言之，

---

1 托克维尔（1969 [1835], p. 466）写道："在贵族制社会里，手艺人只对人数有限的而且非常挑剔的顾客服务。他们之所以能够赚钱，全靠他们手艺的高超。"（中译文依据《论美国的民主》，董果良译，商务印书馆，第568页，1988年）另见611页："在贵族制度下，每个人只有一个终生追求的目的；而在民主国家里，人们的生活是极为复杂的，同一个人往往同时怀有几个目的，而且各个目的之间经常没有联系。因为他们不能对每个目的都有清晰的认识，所以容易安于一知半解。"（中译文依据《论美国的民主》，第768页）

贵族社会没有提供口味的多样性。[1]

随着越来越广的人群开始拥有购买力，贵族的影响力不断下降。新的和流行的文化形式起来了，对许多人来说，精致消费成了一种选择。为了吸引频道冲浪员，许多主流文化变得越来越容易理解，且在某些方面越来越肤浅。这些消费者寻求简单的、容易消费的文化产品。同时，业余爱好者则去资助主流以外的那些不怎么容易理解的产品。

这样，高雅文化就变成了业余爱好者文化的一种形式（虽然绝不是唯一的形式）。它失去了文化中心，但获得了大量的多样性技术。比如，今天的古典音乐利用了激光唱片、企鹅唱片指南、互联网音乐文件，以及可以方便地去欧洲和美国音乐厅的现代交通工具。这些措施让消费者在高品质的古典音乐方面有了更好的选择。

现在我们可以看一种关于高雅文化和低俗文化是如何分野

---

1 跨文化交易通过破坏传统的等级关系，为更多的商品提供了精致监督。在许多评论中，布迪厄强调对独特性（distinction）的渴望推动了文化消费的发展。文化交易将这种机制带到多样性的服务上。贵族社会与之相反，提供数量相对较少的商品，根据社会地位进行服务，同时精英非常关注这些商品。国际贸易通过制作可以为许多人所接受的新型文化产品，或者令精英将注意力分散到新产品上，把这个模式打破了。出现了社会重组，而且对地位的竞争受到了震动。独特性的数量和种类增加了，这使人们对各种新商品产生了兴趣。

的解释。在当代美国，频道冲浪员的消费越来越肤浅，而且喜欢更为流行的节目。为业余爱好者服务的文化生产商提供的是精致与成熟的商品，他们受到数量较少的批评家、行家和同行们的尊敬。职业批评家在该领域上所知甚深，走了业余爱好者这条路，他们的优点是理解能力很强。因此，流行的产品与受到评论欢迎的产品是不一样的。[1]

尽管文化变得更为繁荣和多样，但它的品质在不断下降。最受人瞩目和最流行的文化媒介倾向于吸引品位较低的顾客，这让文化看起来比实际上更差一些。

根据定义，业余爱好者所喜欢的是边缘而不是主流文化。他们很难达到中央地位或定义一个文化时期。由于这个原因，全球化世界中的许多最优秀的文化产品——业余爱好者所消费的文化产品——没有被多数顾客和多数批评家所关注到。不管这些不断扩散的业余爱好者文化有多么健康和充满活力，局外人也很难观察和欣赏它们。

我们也发现局外的评论员很难理解业余爱好者文化。不管业余爱好者的创作从客观的审美价值来看水准有多么高，它

1　我把高雅文化定义为最受评论欢迎的产品，而低俗文化则是那些最受欢迎的产品。关于这方面区别的更多讨论，及关于这个主题的大量文献，参见 Cowen（1998）。

都无法吸引爱好圈以外的许多人。布列兹的序列主义音乐为少量听众提供了极大的享受（包括我自己），但多数人并不喜欢，甚至可能非常讨厌。随着业余爱好者文化的增长，更多的文化品质是来自于人们不同意或者不知道的领域，而不是那些人们已经取得了一致的领域。因此，口味的品质往往看上去比实际上更差一些。

　　在现代社会，关于消费者品味的基本故事并不是往下笨，或者制作者以牺牲品质为代价满足同质的最小公分母人群。事实是，在包括高雅文化和低俗文化在内的各个层面上，多样性都在不断增加。

第六章 民族文化重要吗?

比起 100 年前，今天的德国和法国更为相似了。这部分是因为两国相互进行交易，部分是因为它们通过其他贸易伙伴获得了共同的技术进步。如果一个强势的欧盟出现，两国有了共同的政治治理制度，那么这种收敛趋势就会进一步加速。从这个角度来看，跨文化交流带有同质化的性质。

但是，贸易并没有使文化变质。相同的发展提供了更多的人类自由和社会内部的多样性。法国或德国社会里的个人有了更多的机会，可选择更多的文化路径。随意浏览当代音乐、电视或书店，就能发现产品种类正变得越来越丰富。只有在一个全球化的文化世界中，我才可能收集 19 世纪的日本印刷品，听俾格米部落的音乐，读出生于特立尼达的作家奈保尔的作品，感受加拿大人金·凯瑞的幽默；同时，我的邻居们则选择了不同的生活方式。

我们所观察到的同质性和异质性的增加其实是一枚硬币的两面，而不是相反的过程。贸易就算在促进个人选择和多样性的时候，也仍然在使文化变得更为同质：不管是对哪个国家的个人，它都提供了丰富程度相似的消费可能。它是让国家或社会变得"共同地多样化"，而不是令它们互有差异。

从长时段的角度最可看出同质化与异质化的共同变化。自人类伊始就已经发展出了各种各样的音乐和艺术。在这个过程中，不断扩大的市场交易规模支持而非束缚了创造性成就的日益多样性。

同时，今天的个人在共享文化方面也比以前走得更远。许多曼谷人和我对好些歌曲、电影跟公司商标有共同的认识。在19世纪，甚至近至30年前，这种情况都不可能发生。比起过去来，不同的文化间有了更多的相同之处，而且世界各地的人们是在一个相同的多样选择菜单中进行挑选。求异的自由在某些时候也意味着求同的自由。

跨文化贸易并没有完全消除差异，它只是消除了由空间差异所造成的差异。涂尔干在19世纪所写的关于社会分工的著作中指出："尽管不同的社会在不断趋于相似，但这不等于说个人也是如此。……与此同时，各大区域的差别了在逐渐变小，但个人的差别却在逐渐增大。"[1]讽刺的是，只有当社会与社会越来越相似的时候，个人才会变得越来越多样化。

认为全球化毁坏了多样性的说法其实是预设了一个集体主义的多样性概念。它是在对一个社会与另一个社会或一个国家与另一个国家进行比较，而不是比较一个人与另一个人。它还预设了多样性是以不同地理空间的文化差异形式出现的，而且肉眼应该能观察到这种差异，就像我们在跨越美国和墨西哥的边境时所看到的一样。由于是对集体与加总现象进行比较，而且把地理空间放到了很重要的位置上，因此这种衡量标准便回避了一个问题：什么样的多样性才是重要的？

我们应该为民族文化担忧吗？

我们可以站在个人主义立场上看待多样性的意义和作用。从这个角度出发，社会内的多样性——反映了正面的选择自由——是评判跨文化贸易的标准。倘若是因为个人有了多样

---

1 见 Durkheim（1964 [1893] p.136）。（中译文依据埃米尔·涂尔干，《社会分工论》，渠东译，生活·读书·新知 三联书店，2000 年，第 96—97 页。）

性选择而使社会变得雷同，那我们便不必对此心存疑虑。

个人主义立场认为社会间的多样性只具有工具性意义。考虑到第三章所讨论的"多样性悖论"，社会差异有助于扩大选择菜单。如果每个社会都变得越来越相似，最终我们可选择的余地或许会越来越少。某种层面的文化专长和差异可以激发更多的创新，丰富每一个人的选择。

出于另一个工具性理由，社会间的多样性也可能是有用的。如果我们对"好的生活"没有一套完整而稳定的看法，那借助各种独特文化间的竞争可能就是最好的方式。在这方面，比起文化内的多样性来，文化间的多样性可能提供了更好的比较和实验形式。在文化内部，个人很难突破某种定式。在一个较封闭的世界里，如果每个地区的相似性程度较低，就可能出现更为丰富和广博的学习过程。

这些看法可以为社会间的多样性在某种程度上是有益的这个共同直觉提供解释。但并没有将"集体主义"评价标准提高到独立或内在价值（intrinsic value）的位置上。社会间的多样性作为一个集体主义概念，其目的是实现高度个人化的广阔选择自由。

看一看能体现出社会间的多样性所具有的主要是工具价值而非内在价值的极端例子。想象一个拥有许多独立文化的世界，每一类都专门从事某种文化品的生产。每种文化的内部都是同质的，文化间的差异则相当大。多样性的种类无关紧要。每个个体所处的都是一个单调的社会，没有正面的选择自由。然后，我们再想象一个完全相反的世界。在这个世界里，我们可以四海为家，随时随地看爪哇木偶戏，欣赏法国印象主义绘画，吃寿司，听非洲－古巴爵士乐，当然这些产品的水准都是很高的。在这幅吸引人的场景中，社会间的多样性很弱，但每个社会内部的多样性水平非常高。这样的比较可以说明（但并不是证明）社会内部的多样性要比社会间的多样性更重要，后者主要具有的是工具价值。

然而，只要我们不用极端的例子，社会间多样性的工具价值就相对较弱。如果一开始的选择程度很高，社会或文化的独特性或许比拥有广泛的选择更为重要（在边际的意义上）。

许多个体都以自己的标准评价文化差异。加拿大人希望跟美国不一样，魁北克人也希望跟安大略省的居民不一样。对团体中的许多个体而言，如果能够维持他们的特殊地位，选择菜单少一些也可接受。他们所追求的是身份认同，而不是选择本身。这也许会让那些自由至上主义者或世界主义者不高兴，但在多数情况中，文化认同并不要求拥有全面的选择。选择的局限是许多文化的本质特征，虽然这一点并不总是被广而告之。

　　尽管我们拒绝了文化间多样性的集体主义概念，不过只有在个体将文化独特性视为内在价值时，文化市场才能有良好的运作。贯穿于全书的论点是：当两个族群进行交易时，每个族群的成员是在用另一个族群的观念和技术来支撑本族群的文化身份认同。通过这种身份认同导向，贸易带来的是多样性，而不是一致性。我们之所以能有一份不错的选择菜单，是因为许多文化制作者和消费者将差异性作为内在价值。身份认同呼唤着创造精神，而且他们认为这比选择菜单更重要。同样，许多卓有成就的艺术气质对各种价值观的重视程度远高于选择自由。

　　在世界主义者眼里，这些偏好和气质是一种有用的幻象。它们是高贵或者说能增加创造力的文化"沙文主义"，其观点作为一种对世界的解释，当然是大谬不然。按这种看法，一旦真相得以揭露，文化反而会变得更为贫乏。如果每个人都认为文化认同所具有的只是工具价值，那么贸易就会造成大规模的同质化现象。人类创造力的一个重要源泉也就会因此枯竭。

特定论的辩护

事实上，许多评论者并不怎么将多样性视为一种价值，这包括社会内的多样性和社会间的多样性。相反，他们所喜欢的其实是由自己的偏好所规定的多样性表现。他们赋予特定的文化和时期以特殊地位；他们崇拜"战前的布鲁东（breton）"或"1968年的巴厘岛"。不管他们是如何将多样性时刻挂在嘴上，心里想的却是另一套。他们认为质疑跨文化交流，是因为它会引入各方文化的相互交易，且不会赋予他们所偏好的文化以特殊地位。

甘地实际上并不关心文化帝国主义。相反，当英国试图改变他所热爱的文化时，甘地才起而抗议。尽管甘地抱怨英国进口品破坏了印度的纺织业，但印度生产者施行一种不遑多让的文化帝国主义已经长达数个世纪了。印度从公元1世纪起就向东南亚倾销他们的高质量纺织品，并一直维持到今天。印度也主宰了非洲的贸易，"奴隶之路"开设以后更是如此。印度手纺业的发展就依赖于这些外部市场的"开发"。[1]

1　参见 Chaudhuri（1978，pp. 237，277）和 Guy（1998，p. 10）。

　　印度对其他亚洲市场的渗透力非常之强，以至于有些地区构建起了屏蔽印度产品的贸易壁垒。比如，泰国就针对印度贸易实施进口限制和节约法令。英国也一度针对印度织物采取保护措施。在 18 世纪，印度织物在英国非常流行。手绘的印花棉布在欧洲尤其是英国市场上很是畅销，且对欧洲的纺织风格产生了革命性影响。英国对印花棉布所采取的禁令并没能将产品驱赶出去，正如"购买国内织物"运动（甘地"抵制英货运动"的英国版）也失败了。纺织品的需求非常高，因此他们通过荷兰绕道进入英国市场。印度所实施的这些文化帝国主义形式，正是后来甘地所宣称的英国文化帝国主义的牺牲品。[1]

　　甘地的"抵制英货运动"概念其来有自。"抵制英货运动"的作者深受拉斯金、威廉·莫里斯（William Morris）和 19 世纪英国工艺美术运动的影响。这些人谴责艺术的商业影响，并提倡向本土民族手工艺产品回归。但工艺美术运动也深受外国因素的影响。威廉·莫里斯制造出了英国史上最好的地毯，可他的许多设计灵感是来自波斯织物。[2]

1　关于印度织物的衰落，见 Farnie（1979，p. 99）。

2　见 Cohn（1989，p. 343）和 Haslam（1991，pp. 11，13，56，62-63，104）。

有时候，批评者前后不一致地使用多样性概念，背叛了他们自己所持的特定论立场。比如，当某种文化的生产集中于一个区域时，评论家们往往会提出反对意见。以美元衡量，美国是当今世界上最大的电影生产商和出口商。批评家则希望其他国家拥有更大的电影产业。

可有些时候，当某种文化形式在一个国家或地区变得不那么集中的时候，批评家也提出了反对。保罗·西蒙（Paul Simon）在专辑《雅园》（*Graceland*）中吸收了南非音乐（*mbaqanga*），他因此被指控推行文化帝国主义。在批评家看来，经过西蒙改造之后的南非音乐蔓延到北美大陆是不对的。在他们的眼里，风格的全球扩张总是伴随着剥削和失真：并不是每个国家都应当自己制作 mbaqanga 音乐。应该有许多国家生产电影，并按不同民族特色进行发展，可却不能这样处理 mbaqanga 音乐。[1]

我们只能说，这些批评家并没有将多样性本身作为他们的首要考虑因素。相反，他们出于某种特定的社会和美学理由

---

1 对《雅园》专辑的负面反应，见 Louise Meintjes（1990）。对西蒙的抗议有一次上升到了暴力行为：在西蒙 1992 年南非之旅前夕（文化抵制解除之后），一个激进的反种族隔离团体炸掉了组织者的办公室和唱片公司。

对文化趋势或褒或贬，并采取相应的多样性概念进行赞美或
谴责。他们所喜欢的是某个特定时期的多样性，但这并不必
然有利于更一般意义上的多样性。全球化的争论所关系的通
常是一般意义上的多样性，但争论中夹杂的情绪往往是关于
事物应当或不应当如何的，也就是特定论。

　　特定时空的多样性与跨时间的多样性之间的区别能够进一
步展现出许多批评的特定论性质。通过将文化冻结在某个特
殊的历史时代，如"1968 年的巴厘岛"，特定论限制了跨时间
的多样性。如果允许自行演化的话，一种文化在几十年或几
百年间会发展出许多形式。加速改变的步伐可以促进跨时期
的多样性，但是人们经常谴责现代性在这方面的作为。贸易
带来了变革而不是静止，但对多数批评家来说，这种形式的
多样性并不是什么好事。

　　批评跨文化交流的人面对着一个尴尬的处境。如果特定
时空的多样性是好的，那为什么跨时期的多样性就不是好的
呢？跟时期内（intratemporal）的多样性一样，跨时期的多样
性也能对自由实验和多样化的各种内在价值有所裨益。至少
在使文化产品耐用和可复制的意义上，跨时期的多样性也能
增加选择菜单，并成为多样化的有力引擎。

　　当然，跨时期的多样性摧毁了许多人生于斯、长于斯的社

会结构和文化结构。绝大多数爱尔兰的子孙辈已经没办法用盖尔语（Gaelic）跟他们的祖母交流了。子孙辈永远不会了解他们所错失的文化，从这个角度看，他们从没有获得全面的选择机会。许多法国人希望他们的祖国少放几部好莱坞电影，并拥有更多的成功法国电影。

在极端的情况下，这些遗憾会转变成悲剧，任何对跨文化交换的评估都不应忽略这一点。由于文化既是综合的，又不断处于变化之中，将某种绝对"权利"赋予某种原创文化包含了太强的道德要求。真正的问题往往是年轻一代想要跟老一代不同的文化。一个群体拥有保留某种特定文化的权利就意味着年轻人无法作出自己的选择。所以在这里运用权利语言并不合宜。[1]

然而，跨文化交流带来的文化拒绝（cultural denial）有时的确令人不快，有时甚至代价巨大。人类对某种特定的文化体验有强烈的渴望，而全球化则经常阻挠这类渴望的实现。

这些例子也许能让我们认清关于全球化的争论的本质。一边是全球化所可能带来的多样选择菜单，另一边则是人类对特定文化和社会价值观，以及不同的民族、地区或部落身份

1　关于少数派的文化权利观，参见 Kymlicka（1995）。

认同的执着。尽管全球化能够促进多样性，但它所造成的特定结果却会令许多人不快。

什么是文化

个体对维持某种民族、地区或部落文化的强烈愿望引出了一个问题：一种文化的构成要素是什么。为什么个体会将某些文化要素视为身份认同与意义的独特标志，却对另一些置之不理？如果文化的确是综合性的，那么我们应当对那些民族或地区文化认同的标志致以多少敬意呢？对这些问题当然也没有简单的答案。

法国人素来对他们的电影非常自豪，但事实是法国电影从来不是一个纯粹的高卢文化产品。外国人不仅对许多最有名的"法国"电影产生过影响，也直接执导过这些电影。《圣女贞德》（1928）可能是法国最著名的无声电影，该片的导演是丹麦人卡尔·德莱叶。布尔什维克革命时期逃到法国的俄罗斯移民对法国的无声电影拍摄产生了深刻的影响。在有声电影时代，《黄金时代》《一条安达鲁狗》《青楼怨妇》和《中产阶级的审慎魅力》这些法国经典电影都是由西班牙人路易·布努艾尔执导的。德国人马克斯·奥菲尔斯在法国拍摄了他的四部佳作，包括著名的《伯爵夫人的耳环》。第二次世界大战时期，维希政府的法西斯主义宣传在批判法国电影的普世主义性质时揭示了真相。一位法国纳粹分子在他的指控中，虽不无夸大，却的确说出了事实："80% 的电影工作人员是犹太人，10% 是非法移民，只有 10% 是法国人，但却是马克思主义者或共济会会员；而且这还没有算上演员，其中有一半是外国血统——俄国人、罗马尼亚、意大利人、美国人、瑞士人、比利时人——这就是我们所谓的'法国'电影。"[1]

讽刺的是，法国在第二次世界大战期间丧失了民族独立之后，电影保护主义才在法国流行起来。维希政府用电影配额和补助制度改造法国经济，并借以推行审查制度。同时，维希政府禁止美国电影上映，以防止文化腐化，保护本土的法国制片商。这些干涉显然是根据纳粹的政策制定的。更为讽刺的是，在解放之后，法国政府以保护法国民族身份的名义保留了维希政府的电影政策。战后法国的电影管制和补助制度直接取自法西斯政策，只是改变了强调的重点而已。当宣称要保护"民族

---

[1]　引自 Crisp（1993，p. 187）。关于俄罗斯默片导演，参见 Crisp（1993，pp. 167-168）。

法国身份"的时候，这类政策就开始运作了。[1]

综合性的文化产品很容易变成民族主义者的标志。在19世纪末，许多德国人反对足球是因为那是"英国"和"运动"而不是体操；当时在这方面有情绪性很强的争论。[2] 而现在，多数德国人已经把足球看成是民族认同与荣誉的源头。

许多南非人对保罗·西蒙在《雅园》专辑中运用了他们的音乐形式感到非常自豪。不过南非音乐受西方流行音乐的影响也非常深。南非的 mbaqanga 音乐是一种用手风琴和重击贝斯（thumping bass）伴奏的脚踏舞蹈音乐；它跟传统的非洲音乐完全不一样，而跟早期爵士摇滚颇为类似。讽刺的是，对西蒙进行音乐剥削和腐化的指控有一次指向了他所采用的 mbaqanga 音乐。南非人和外国人都指责 mbaqanga 成了西方爵士乐和摇摆舞的廉价商业腐化物。音乐学者大卫·莱克夫特批评 mbaqanga 不是"部落"音乐，而且太受美国流行音乐的影响。其他学究则认为它被西方的爵士音乐所稀

---

1 关于法国战后电影政策的维希渊源，参见 Williams（1992, pp. 276-277, chap. 10）和 Crisp（1993, pp. 64-65）。关于管制机构 COIC，参见 Williams（1992, pp. 249-251）和 Ehrlich（1985, p. 25, 各处）。关于对美国电影的限制，参见 Armes（1985, chap. 8, and p. 125）。

2 Noam（1991, p. 23）.

释，成了"美国模式的盲目模仿品"。Mbaqanga 这个名字本身的意思是粗制的玉米面包，它的第二层意思是骗钱（a quick buck）。南非的合唱乐队，像 Ladysmith Black Mambazo 乐团，深受西方福音音乐、灵乐和吟唱乐的影响。这些外来音乐形式都是在 20 世纪初通过留声机、电台和美国旅行团引入南非的有色人种居住区。保罗·西蒙发现南非音乐极具启示性，那正是因为它与西蒙自己对西方流行传统的综合有许多共通之处。[1]

这类奇闻趣事引出了一个问题：为什么一个民族、地区或部落应当提供文化认同呢？我们想要从民族的起源和性质方面挖掘纯粹（或准纯粹）的文化贡献，但却徒劳无功。不过个体会把某些特定的艺术品、创造物视为民族身份或文化身份的标志。

某些外来影响，如俄罗斯人对早期法国电影的贡献，已经被吸收并被视为民族法国遗产的一部分。尽管古巴的影响和源于西方的电吉他非常重要，刚果人却视扎伊尔音乐为己出。

---

1 关于 mbaqanga 的起源，参见 Bergman（1985, chap. 7）。对 mbaqanga 的批评，参见 Andersson（1981, pp. 26-27），以及 Stapledon and May（1987, p. 25）。关于早期南非音乐，参见 Andersson（1981, p. 23）。关于南非音乐的起源，也见 Ballantine（1993）。

一旦一种文化接受了某个项目或活动，它就不会再关心这个项目或活动是否源于外国。它会被当作"本土"文化的一部分。而像进入法国市场的好莱坞电影，则仍然没有被普遍接受，还被看成是外国文化。

我们找不到可以预测什么样的外来影响会被接受，什么样的外来影响会被分类为有害入侵者的明确划分原则。市民或文化成员会针对外来新事物采用复杂的个性化原则，以将它们划分成"令人担心的"和"令人放心的"两类。

时间是隐藏在分类背后的一个相关因素。西方在15世纪由谷登堡引入印刷技术，但今天没有人认为这是德国（或中国）的文化帝国主义。它的民族起源与它当前的意义和作用没有任何关联。同样，也没有西方人会担忧希腊对西方哲学的"过分"影响。

不过时间并不能解释我们所观察到的多数差异。好莱坞统治加拿大市场已经好多年了，而且也深远地影响了加拿大人的性格，可加拿大人仍然对此愤愤不平。相反，人们只是到了最近才在非洲音乐中广泛运用电子合成器，但现在它已经和非洲音乐融为一体了。在许多例子中，人们甚至根本不关心某种文化活动进入当地社会的时间有多长了。

对许多外来影响的评判主要是根据它们是否能融入本土文

化。人们更愿意接受那些支持或补充当地已有文化的外来产品。小提琴已经成为当代印度古典音乐的一部分，而没被看作文化帝国主义的预兆。

在无声电影时代，日本很少抱怨好莱坞文化帝国主义，这一点跟绝大多数国家不一样。他们有一种辩士（benshi）制度，就是放无声电影的时候会在旁边配一个解放员，在现场为观众讲解剧情的发展；这样的电影在形式上更接近于日本传统的歌舞伎（Kabuki）和能剧（Noh）。一位评论员注意到："（辩士）对一部电影成败的影响绝不亚于任何电影制作公司。"[1]

不过在电影世界里，这样的例子是很罕见的。好莱坞电影或许会影响当地的电影风格，但进口电影却没办法重新剪辑成一部综合作品。而且许多好莱坞电影，尤其是大片，由于昂贵明星的费用、奢侈的布景和特效，很难为当地的同行所仿效。这是为什么电影帝国主义会成为热门话题的一个原因。许多文化无法轻易地对进口产品进行综合，这就造成了一种外来和侵略的表象。

但我们也发现有些难以综合的产品却被原产地之外的文化

1　引用来自 Komatsu（1997，p. 178）。也见 J. Anderson（1992）。

所接受。法国绘画在一流画展上出尽风头这个事实并没有让美国和其他国家感到恐慌。尽管美国的印象主义学派源于法国，但这并不能解释美国人对法国画作的接受程度。德国和奥地利作曲家在多数国家的古典音乐会舞台上独领风骚，却并没有受到文化帝国主义的指控。贝多芬的交响曲并没有被法国或美国的指挥"重新混合"后变成综合作品。贝多芬已经被视为整个欧洲和西方遗产的一部分，好莱坞却没有这么幸运。

可接受的与不可接受的外来影响之间的区分，有部分是基于公众意见。也就是说，市民们发展出了能够代表他们的文化的公共标志（common marker），而且对它们关怀备至，不容错失。这些标志和文化的其他特征并没什么分别，综合程度也并不更低。唯一的区别是，每个人都在这一点上达成了共识。在这个意义上，标志是相当随意的；人们只要就某样事物取得了一致意见，就可以把它当成标志。在某种程度上，法国人已经隐约地把电影遗产当成了比他们的古典音乐遗产更为重要的标志；因此，他们对好莱坞进口的厌恶远胜于贝多芬的作品。

更为"公众"的艺术形式也往往对外来影响更为敏感。如果传统德国小镇的中央广场上开了一家美国快餐连锁店，定会引起轩然大波。这不仅是因为每个人都知道这回事，而且每个人都知道每个人都知道这回事。这成了一种共同知识。其他的文化标志就没有那么明显了。如果每个有钱的德国人都雇用了一位意大利装潢工人，或者在壁炉上方挂了一幅法国绘画，其象征意味就更为私人和模糊化。这些德国人用不着公开表明他们更喜欢其他国家的文化。

国家或地区对这些外来影响的反应表现或许反映了深层的不安全感。法国是先于美国的世界文化领袖，当然对从宝座上跌落下来感到不满。而加拿大人所恐惧的是他们跟美国人没多大差别，这是一种由于美国文化在加拿大的普遍流行而引发的焦虑。美国文化广受众多批评家的抨击，原因不过是美国是世界上最富有和最强大的国家。

在文化上综合性最强的国家往往最难接受自由至上式的态度。加拿大是文化保护主义理论的温床，但在历史上，这个地区广泛吸收外来文化，展现了改变、采纳和重建本土文化的惊人活力。加拿大联盟（the Confederation）的最初构思是结合英国和法国文化，移植到新大陆。今天，不过170年之后，至少40%的加拿大人并没有法国或英国血统（依赖于我们如何进行种族划分），在多伦多和其他地区有许多匈牙利人、意大利人和特立尼达人。乌克兰人和德国人定居在马尼托巴省和萨斯喀彻温省。中国人和其他亚洲人在英属哥伦比亚省人口中的比例很高。不仅大城市里，就连加拿大的许多小社区都能买到越南菜。近年来，因纽特人和印第安人的影响又变得强势起来。多数加拿大人住在离美国边境 100 英里之内的区域中，尽管抱怨连连，但他们受美国影响的程度只能用"猛烈"来形容。

政治往往促成对某种外来文化的敌意。不管是在电影、音乐还是建筑方面，法国政府都想把精英式的巴黎文化推广到国家的其他地方。这场想象中的维护全球多样性的战争，其实是部分限制了法国文化的多样性。美国文化威胁了巴黎对法国其他省份的霸权。更一般而言，较紧密的全球关系会鼓励欧洲少数民族的分离主义倾向。跟世界的自由联系能把边缘地带从当地政治和文化中心的掌控中解放出来。

安大略省说英语的加拿大人是对美国文化最为恐惧的，因为这会危及他们在加拿大联邦中的领袖地位。魁北克省通行的是法语，且有独特的民族传承，跟美国不一样，所以不怎么感到受威胁。许多魁北克人都害怕法国文化，虽然他们假装已经建立起了一个讲法语的泛大西洋联盟。新不伦瑞克省（New Brunswick）的法吾人群则害怕魁北克人。加拿大的文化保护主义不仅受外部因素的影响，也受到国内政治的约束。

　　一些人反对过分的文化稀释（cultural dilution）。他们宁为鸡首，不为牛尾。出于这样的理由，相当综合的文化产品经常受到与它的品质不相符的对待。我们能够找到害怕稀释的个人原因。许多人需要名声和对他们个人成就的认可。他们希望自己的名字能跟所做的事有紧密联系。他们不愿意只得到抽象的承认，如"为西方文明的辉煌作出了贡献的众多人士中的一位"。[1]

　　黑格尔也持世界主义视角，他写道："个别的民族精神通过融入另一民族的原则中而实现自我。"普世主义者也许愿意坐视这个过程的发展，不过尽管它能促进选择自由，但在绝大多数情况下却并不会获得普遍的欢呼。[2]

　　就算是世界主义者，在压力下也很少能不怀疑文化稀释的内在问题。奥克塔维亚·巴特勒的小说提供了一个令倡言跨文化交流的人犯难的恐怖例子。巴特勒的畅销科幻小说三部曲

1　反对文化稀释也许可以从进化生物学中找到根源。多数人直觉地感受到，他们通过子女在这个世界上的所产生的影响力，会随着世代而递减。他们的孩子有他们1/2的基因，孙子只有1/4的基因，重孙只有1/8的基因，以此类推。虽然如果父母辈的后代有足够多的子女的话，他们的总遗传影响力会上升。然而，不管是否算理性，许多人就是更认同一个子女而不是四个重孙，虽然从转移的基因数上看，这两者是相等的。这样的话，我们更希望能从直接后代身上找到自己的遗传贡献。

2　见 Hegel（1975 [1837]，pp.56，60）。

《异种生殖》(*Xenogensis*)安排了一个叫作欧安卡利的外星种族,它们要将自己的遗传材料和其他星球的物种结合起来。欧安卡利人被一再恰当地称作"商人"。全书围绕欧安卡利计划,也就是通过跟人类混合,在地球上创造一种新的杂交生物而展开。虽然早先的人类在战争中几乎被毁灭了,但幸存者仍然强烈地抵制这个计划,担心他们的种族认同和杂交后代的身份认同问题。

读者对欧安卡利计划的反应是非常不安,跟书中所描绘的人类的反应一样。不过外星种族在书中尽管被描绘成具有各种各样的缺点,却不比人类差,甚至比人类更高贵。综合可以让这个新的杂交生物拥有当前人类所不具有的许多优点,同时缺点也更少。在思考这个计划的时候,我们不舒服地注意到人类是许多遗传材料的共同产物。我们不喜欢欧安卡利计划,因为我们把当前的人类身份看得无比重要,担心失去它。因此就算人们从文化稀释中得到了大量好处,人们也不愿提出支持。尽管人类遗传工程从长远看能得出有益的成果,批评者却提出了类似的担心。

结论是什么?

关于为什么人们会抵制某种外来文化，同时对另一些却不加阻拦，我们已经提出了许多理由。这些区分中没有一个是完全基于逻辑的，它们也不会依据任一简单的规则。许多区分是基于荣誉感，但为什么人们只对某些综合性产品感到自豪，原因却尚不清楚。所以我们又一次发现，那些批评全球化的人所关注的是特定的文化活动，而不是提出一个定义良好的多样性概念，或者将文化选择当作他们首先考虑的因素。

跨文化交流带来了难以解决的价值观和优先权的冲突。然而，我虽然同意要调协不一致的价值观是非常困难的，但还是赞同市场在不同地理区域之间的扩展。

我们应当审慎地将世界主义的多文化观当作美学指导原则和政策实践指南。艺术的作用在于向我们呈现一个全新的世界，让我们放下身边的琐事和世俗的考虑，沉浸在审美的愉悦之中。世界主义者认为它的价值远在政治、国家边界、地区情感和部落忠诚之上。

鲁多尔夫·洛克尔在 1937 年那本受到忽视的《民族主义与文化》一书中指出，文化是自由个体之间自愿交换的综合与世界主义产物。他认为自由可以激发创造力，而文化民族主义会导致令人窒息的政府管制。就算我们摒弃洛克尔关于政府失灵的某些极端观点，但多数文化革新肯定要比人们所想象的更具综合气质。而且，正如我在前面几章所讨论的，反对跨文化交流的那些例子，如好莱坞在世界电影市场中的强势地位或印度手纺业的现代命运，其实比人们所通常认为的更具正面意义。

作为一个伦理理念，世界主义拥有悠久和高贵的哲学传统，从罗马斯多噶学派一直延续到像戴维·霍林格和杰里米·沃尔德伦这样的作家。埃里克·萨蒂准确地将此评论为"没有国家的艺术"。第欧根尼骄傲地宣称："我是一个世界公民。"更晚近的保罗·西蒙赞扬道："你不能给音乐划分界限。"这些简洁的评论尽管没有分析性内容，却也基本上道出了真相。[1]

言论自由的原则也要求我们不应当阻碍文化交易。多数知识分子都强烈地维护言论自由，如果政府禁止一部小说或电影上市的话，他们一定会提出猛烈的抗议。可是当外国政府将美国电影挡在门外（比如韩国政府的做法），或禁销廉价美

1　Satie 的话引自 Richards（1996b. p. 63）。也见 Diogenes Laertius（1965，p. 65）。关于 Simon 的话，见 Humphries（1989，p. 143）。

国图书（如澳大利亚政府的做法）的时候，这些知识分子的反应往往就是平静甚至持赞成态度。言论自由的原则也应当适用于这些领域。不管言论自由是否是绝对的，这些违背而不是保护言论自由权利的人需要承担举证责任。

为了拥抱这样一种"言论自由世界主义"，我们必须面对至少三种潜在或直接冲突的价值观："多样性的悖论"，许多人对文化认同的特定标志的强烈偏好，以及对文化差异的共同爱好。我会依次分析它们。

正如在第三章关于气质和文化失落的悲剧中所讨论到的，可能存在反直觉的多样性的悖论；如果许多社会拒绝多样性，作为整体的世界也许会变得更为多样化。他们的文化局外人身份能够促使他们不断出产高度独特的创造品。

多样性的悖论可用于某些但并非所有社会变化（某些对促进多样性的财富和技术的抗议已经过了头，见第二章）。然而，当这个悖论成立的时候，多余的跨文化接触就会造成全球选择菜单的萎缩。在这些例子中，我们不能再用选择菜单来为世界主义作辩护。

世界主义必须提出能够克服这些批评的价值判断。我把这种价值判断定义为：贫穷社会不应当成为"多样性的奴隶"。

当贸易向那些不发达社会或贫穷社会扩展的时候，这些社会内部的多样性会不断增加。个人比起以前有了更多的选择，他们也对此感到很满意。去墨西哥的沃尔玛超市走一趟就会证实这个判断。感到多样性失落的是发达国家。在巴布亚新几内亚开一家大型购物中心会给巴布亚人带来更多的选择，但美国的巴布亚雕塑品收藏家的选择可能会变少，因为随着社会气质的变化，雕塑家的灵感渐渐枯萎了。

如果我们不同意贫穷社会应当成为多样性的奴隶，那我们在全盘考虑之后，就应当将权衡看作是可欲的。巴布亚人获得了选择的多样性，而西方收藏家和博物馆参观者（museum-goer）的选择多样性则减少了。只要我们把巴布亚人的收益看得比美国人的损失更为"重大"或"重要"，就仍然应当进行贸易。有了这样的价值判断，世界主义便可以不受多样性悖论的威胁。

在这样的背景下，如果我们致力于发展而不是反对多样性，世界主义就会变得更好。不管1450年的世界的多样性程度如何，没什么人会喜欢或欣赏那样的多样性。当时没有人了解世界的多样性程度，也不知道多数人所关心的事情是什么。正如我们在整本书中所强调的，今天有许多人清楚世界的多样性，并以此令我们生活中的许多领域更为丰富。相较于过去，现代性令我们享受到了前所未有的世界多样性，虽然在某些局部上多样性的确是减少了。

可能和跨文化交流发生潜在冲突的第二项价值观更多的是心理方面的。单是"改变"这个事实就会令那些希望保存文化身份的特定标志的个人暴跳如雷。

关于这一点，跨文化交流处理可以比人们一般所认为的处理得更好。正如本章前面所讨论的，民族、地区和部落身份的标志能够进行很大程度的调整。这并不是说不需要标志，文化身份是我们生活的一个重要部分。然而，我们并不清楚为什么过去已形成的标志具有更强的规范力量。如果跨文化交流用一套新的标志取代旧有的，或许并不值得大惊小怪。身份标志沿着时间在不断变化，而且它们从来不受完全的理性过程制约。

这种态度并没有忽视一个事实，那就是有许多人非常偏爱传统的标志。在某种程度上，世界主义所持的违背现有人类偏好的立场是有疑问的。

但是，事实上，文化冲突的兴起主要并不是因为许多人希望改变旧的文化标志、创造新的文化标志，或者将之与更广大的人群共享。多数现代爱尔兰人更愿意讲英语——莎士比亚和乔伊斯所用的语言——而不是盖尔语。泰国的高中女生愿意跟她们的国外同龄人一样热爱麦当娜。一个法国人这样评论道,"(我)为美国狂……我同意梅洛—庞蒂(的观点)仍然是有价值的,但是明天我要去欧洲迪士尼玩。"[1]

所以对人类文化的尊重并没有要求我们坚持原来的文化标志,或把它们放到特别优先的位置上。偏好会沿着时间发生改变,而且不同的人的偏好也不一样。我们没有可以判断新标志是否优于旧标志的简单标准。偏好上的差异经常在代际间展开,年轻人推动变革,而老年人则持抵制态度。尽管言论自由假定又一次有利于世界主义的视角,但我们可能拿不出一个能够裁断竞争性的审美主张的公共框架。[2]

我们也知道经济发展同时带来了异质化和同质化。它扩展了市场的规模,并增加了选择菜单。因此,可选的潜在标志是增加而不是减少了。虽然很难说新的标志一定比旧的好,但我们也没理由预期它们是更差的。

因此在文化标志这个问题上,跨文化交流是有利有弊的。

1　Kuisel(1993, p. 230)。

2　经济学家的标准成本—收益分析对我们没什么用。规范的经济模型是根据个人偏好来评判政策,而个人偏好通常是被处理是固定和不变的。这里的问题是哪种偏好会鼓励文化的后继发展。此外,经济模型还假设为改变进行支付的愿望和获得支付以作为改变的赔偿的愿望是基本相等的。文化维护者也许付不了许多钱来保卫他们所珍视的标志,但有时候多少钱也没办法让他们放弃。

它带来了难以断言好坏的改变。然而，考虑到在增加总的选择菜单方面的成功记录对言论自由的偏好，这样的平衡或许是全球化所必需的。

第三种与跨文化交流产生冲突的价值观是对差异与独特性的希冀，我们也可以用相似的论证进行处理。贸易是一个有争论的话题，因为对一个国家在全球水平上应该有多大程度的共同性、多大程度的独特性，不同的公民有不同的看法。有些人希望他们的社会有更多的独特性和差异性，另一些人则倾向于跟全球社会有更多的共同性。又一次，跨文化交流在这个问题上只能达成一个平衡，因为我们不能轻易地对那些竞争性的看法作出评判，但这样的平衡是必需的。

不管差异的客观或主观度量对我们的评估来说是否重要，问题依然存在。根据可提供的产品和服务的客观数量，社会在分享共同的多样性上变得越来越相似。但是差异的主观感受对人类福利也有同样的影响。加拿大人认为他们跟美国人完全不一样，但是从其他国家来看美国和加拿大是非常相似的。所以许多加拿大人旅行时会在背包上插上自己的国旗，不然他们就会被误认为是美国人。这种情况也在澳大利亚和新西兰、德国和瑞士身上出现；在这些例子中，客观上越来越类似，但主观感觉集中在所剩余的差异上，因此觉得区别越来越大。16 世纪的瑞士人当然觉得自己与德国人不一样，但这种感觉并不那么明确，因为当时的运输和通讯成本很高，他们之间的接触很少。今天的跨国交流和其他形式的跨文化接触普遍多了，对差异的主观感受也明确多了。

哪种关于差异的偏好应当得到重视？如果我们希望将人与人之间的差异最大化，那很显然跨文化交流适于实现这个目标。比如，提高移民配额和廉价旅行一样都能刺激人们的这种感受。

但更合乎情理的是，人们并不会像喜欢吃冰激凌一样愿意表现出与其他文化的差异。对他们来说，感受到差异并不是快乐的本质来源。"差异"一词只是某些在文化价值观之上的深层次偏好的委婉语而已。个人也许想拥有某种能形成差异的身份——如热爱他们的出生地——而不是拥有差异本身。许多法国人仅仅是反对美国的生活方式而已。如果美国人按照他们的定义吸取了法国文化的精华的话，那他们就会很愿意变得更美国化一些。他们也并不关心文化差异本身。比如，他们会因为世界其他地方将法语作为外交和高级金融的标准语言而感到开心。

因此，社会间的多样性时常会简化为对特定文化标志的渴望。我们已经看到，文化贸易在这个问题上至少达成了一个平衡。[1]

然而，现在有一个对于世界主义多元文化来说更为麻烦的事实。我们已经知道贸易能够有助于社会内的多元化，但这部分是因为文化创造者并没有持完全世界主义的态度。如果世界主义态度得到了完全的坚持，那也许反而会破坏多样性和选择自由的世界主义目标。以同样的逻辑，我们也可以说只有在许多股票投资者——或者是绝大多数投资者——相信股市是无效率的，因此投入精力买进卖出的情况下，股票市场才会变得相对有效率。

考虑了这些悖论以后，世界主义有两个选择。它可以宣告世界主义信仰的普遍意义，并力图生活在这样的文化环境中。那我们就不得不评估这样做是否值得。

相反的，世界主义也可以变成一种更为含蓄的文化批判，

1　市场多元文化的多样性是否会导致超越本书讨论范围的种族分裂和政治不稳定。萨缪·亨廷顿在《文明的冲突》（1996）一书中指出，不同的文化在未来可能爆发战争；本杰明·巴柏在他的《圣战对麦当劳世界》中也有类似的恐惧。至少在表面上，我们没有理由认为全球化会带来更多的政治混乱。全球化限制了完全独立的社会的数量，也许有助于文化间的相互理解。此外，同质化与异质化的共同发展能够约束分裂。全球化的同质倾向能够给予文化更多的共同之处，同时文化内部却变得更为多样化。最后，证据表明经济上较为自由的社会在多样性和种族冲突方面问题较少（Sadowski 1998，p. 117）；在这方面，文化上的自由贸易也许有助于稳定而不是破坏。

一个评判政治和文化发展的框架，但并不提出宏观范围意义上的独立改革目标。就个人态度而言，多一点世界主义是好的，但不要太多。这个版本的世界主义意识到，非世界主义在文化领域中是不可避免的（也是可欲的），但恰当的做法是将这种信念看成是超越文化隔绝和文化保护主义的来源。

与这种妥协的态度不同，有些世界主义者希望在文化领域推行增进创造力型的观念，而在政治领域推行增加自由度的观念。比如，许多自由至上主义者就主张个体珍视他们的文化身份，但却不希望其他人拥有同样的信念或令这些文化身份在广阔的文化竞争中获得保护。

这种观点勾画出一幅听上去很有吸引力的图景，而且能够回避问题。不过尽管这种状态是大家所乐见的，这样一种两分的观念在多样性世界中是不太可能得到实施的。并没有多少文化能够在很大范围内容纳或支持这套观念。只有特定类型的西方社会能够接受强制领域和自愿互动领域之间的清楚划分；就算在美国，也只有一小部分自由至上主义者这么做。这样的观念不会变成普世性的价值观，或必然在一个多样的世界中受到广泛欢迎。在本质上，这种观念是想得到免费的午餐，要是在其他的场合，自由至上主义者会认为这是非常荒谬的。

　　由于这种观念在多样性的世界中很难得到实施，因此世界主义必须扮演一个奇怪的角色。它是一种不能完全实行的态度和愿望。它能够理解人们对特殊性的非理性渴望，以及欣赏由此带来的美学意义，但同时又在更高的理论层面上对这种渴望保持距离。正如黑格尔希冀阐明他所处的时代一样，这种世界主义也对当代文化的演化提出了一种元视角（metaperspective）。但跟黑格尔不一样的是，真理永远无法通过全面了解参与方在历史过程中的作用而实现。世界主义是对我们这个时代丰富多彩且令人印象深刻的文化成就的一种解释，但它是一种不敢看到彻底的光明的解释。

参考文献

Abel, Richard. 1984. *French Cinema, The First Wave, 1915-1929*. Princeton: Princeton University Press.

——. 1994. *The Ciné Goes to Town: French Cinema 1896-1914*. Berkeley: University of California Press.

——. 1999. *The Red Rooster Scare: Making Cinema American, 1900-1910*. Berkeley: University of California Press.

Allane, Lee. 1988. *Oriental Rugs: A Buyer's Guide. London: Thames and Hudson*.

Allen, Robert C. 1996. "As the World Turns: Television Soap Operas and Global Media Culture." In *Mass Media and Free Trade: NAFTA and Cultural Industries*, edited by Emile G. McAnany and Kenton T. Wilkinson, 110-30. Austin: University of Texas Press.

Almquist, Alden. 1993. "The Society and Its Environment." In *Zaire: A Country Study*, edited by Sandra W. Meditz and Tim Merrill, 61-134. Washington, D.C.: Library of Congress.

Amith, Jonathan. 1995. *The Amate Tradition: Innovation and Dissent in Mexican Art,* edited by Jonathan Amith. Chicago: Mexican Fine Arts Center Museum.

Amsden, Charles Avery. 1972. *Navaho Weaving: Its Technic and History.* Glorieta, N.M.: Rio Grande Press.

Anderson, E. N. 1988. *The Food of China.* New Haven: Yale University Press.

Anderson, Joseph L. 1992. "Spoken Silents in the Japanese Cinema; or, Talking to Pictures: Essaying the *Katsuben,* Contextualizing the Texts." In *Reframing Japanese Cinema: Authorship, Genre, and History,* edited by Arthur Nolletti Jr. and David Desser, 259-311. Bloomington: Indiana University Press.

Anderson, Joseph L., and Donald Richie. 1959. *The Japanese Film: Art and Industry.* Rutland, V.T.: Charles E. Tuttle Company.

Andersson, Muff. 1981. *Music in the Mix: The Story of South African Popular Music.* Johannesburg: Ravan Press.

Andrew, Dudley. "Sound in France: The Origins of a Native School." In *Rediscovering French Film,* edited by Mary Lea Bandy, 57-66. New York: Museum of Modern Art, 1983.

Anstey, Vera. 1936. *The Economic Development of India.* London: Longmans, Green, and Co.

Appadurai, Arjun. 1996. *Modernity at Large: Cultural Dimensions of Globalization.* Minneapolis: University of Minnesota Press.

Appiah, Kwame Anthony. 1992. *In My Father's House: Africa in the Philosophy of Culture.* New York: Oxford University Press.

——. 1998. "Cosmopolitan Patriots." In *Cosmopolites: Thinking and Feeling beyond the Nation,* edited by Pheng Cheah and Bruce Robbins, 91-114. Minneapolis: University of Minnesota.

Armes, Roy. 1985. *French Cinema.* New York: Oxford University Press.

——. 1987. *Third World Film-Making and the West.* Berkeley: University of California Press.

Arom, Simha. 1991. *African Polyphony and Polyrhythm: Musical Structure and Methodology.* Cambridge: Cambridge University Press.

Audley, Paul. 1983. *Canada's Cultural Industries: Broadcasting, Publishing, Records and Film.* Toronto: James Lorimer and Company.

Bagchi, Amiya Kumar. 1972. *Private Investment in India 1900-1939.* Cambridge: At the University Press.

Baker, William F., and George Dessart. 1998. *Down the Tube: An Inside Account of the Failure of American Television.* New York: Basic Books.

Bailey, Garrick, and Roberta Glenn Bailey. 1986. *A History of the Navajos: The Reservation Years.* Santa Fe: School of American Research Press.

Baker, Christopher John. 1984. *An Indian Rural Economy 1880-1955: The Tamilnad Countryside.* Oxford: Clarendon Press.

Baker, Patricia L. 1995. *Islamic Textiles.* London: British Museum Press.

Ballantine, Christopher. 1993. *Marabi Nights: Early South African Jazz and Vaudeville.* Johannesburg: Ravan Press.

Barber, Benjamin R. 1995. *Jihad vs. McWorld.* New York: Times Books.

Barlow, Sean; Banning Eyre; and Jack Vartoogian. 1995. *Afropop!: An Illustrated Guide to Contemporary African Music.* Edison, N.J.:

Chartwell Books.

Barnard, Nicholas. 1993. *Arts and Crafts of India*. London: Conran Octupus.

Barnet, Richard, and John Cavanagh. 1996. "Homogenization of Global Culture." In *The Case against the Global Economy, and for a Turn towards the Local,* edited by Jerry Mander and Edward Goldsmith, 71-77. San Francisco: Sierra Club Books.

Barnouw, Erik, and S. Krishnaswamy 1963. *Indian Film*. New York: Columbia University Press.

Bascom, William. 1976. *Changing African Art*. Berkeley: University of California Press.

Baskaran, S. Theodore. 1981. *The Message Bearers: Nationalist Politics and the Entertainment Media in South India, 1880-1945. Madras, India:* Cre-A.

Bayley, C. A. 1986. "The Origins of Swadeshi (home industry): Cloth and Indian Society, 1700-1930." In *The Social Life of Things: Commodities in Cultural Perspective,* edited by Arjun Appadurai, 285-321. Cambridge: Cambridge University Press.

Bean, Susan S. 1989. "Gandhi and Khadi, the Fabric of Indian Independence." In *Cloth and Human Experience,* edited by Annette B. Weiner and Jane Schneider, 355-76. Washington, D.C.: Smithsonian Institution Press.

Bell-Villada, Gene H. 1996. *Art for Art's Sake and Literary Life*. Lincoln: University of Nebraska Press.

Bennett, Ian. 1996. *Rugs and Carpets of the World*. Edison, N.J.: Wellfleet

Press.

Bergman, Billy. 1985. *Goodtime Kings: Emerging African Pop.* New York: Quill.

Berner, Robert. 1997. "A Holiday Greeting U.S. TV Won't Air: Shoppers Are ' Pigs.' " *Wall Street Journal Europe,* 21-22 November, Al, A2.

Berwanger, Dietrich. 1995. "The Third World." In *Television: An International History,* edited by Anthony Smith, 309-30. Oxford: Oxford University Press.

Blomberg, Nancy J. 1988. *Navajo Textiles.* Tucson: University of Arizona Press.

Boas, George. 1948. *Essays on Primitivism and Related Ideas in the Middle Ages.* Baltimore: Johns Hopkins Press.

Bokelenge, Lonah Malangi. 1986. "Modern Zairean Music: Yesterday, Today, and Tomorrow." In *The Arts and Civilization of Black and African Peoples,* Vol. 1, edited by Joseph Ohiomogben Okpaku, Alfred Esimatemi Opubor, and Benjamin Olatunji Oloruntimehin, 132-51. Lagos, Nigeria: Centre for Black and African Arts and Civilization.

Bordwell, David. 2000. *Planet Hong Kong: Popular Cinema and the Art of Entertainment.* Cambridge: Harvard University Press.

Borpujari, Jitendra G. 1973. "Indian Cottons and the Cotton Famine of 1860-65." *Indian and Social History Review,* 37-49.

Botombele, Bokonga Ekanga. 1976. *Cultural Policy in the Republic of Zaire.* Paris: Unesco Press.

Bourdieu, Pierre. 1986. *Distinction: A Social Critique on the Judgment of Taste.* London: Routledge and Kegan Paul.

Bradley, Lloyd. 1996. *Reggae on CD: The Essential Guide.* London: Kyle Cathie Limited.

Bredemeier, Kenneth. 1999. "Serving up a Medley of Cultures." *Washington Post,* 26 May, E1, E10.

Brody, J. J. 1971. *Indian Painters and White Patrons.* Albuquerque: University of New Mexico Press.

——. 1976. *Between Traditions. Navajo Weaving towards the End of the Nineteenth Century.* Iowa City: University of Iowa Museum of Art.

Brunside, M. 1997. *Spirits of the Passage: The Transatlantic Slave Trade in the Seventeenth Century.* Edited by R. Robotham. New York: Simon and Schuster.

Buchanan, Daniel Houston. 1934. *The Development of Capitalistic Enterprise in India.* New York: Macmillan.

Buell, Frederick. 1994. *National Culture and the New Global System.* Baltimore: Johns Hopkins Press.

Burnett, Robert. 1996. *The Global Jukebox: The International Music Industry.* London: Routledge.

Butler, Octavia. n.d. *Xenogenesis.* New York: Guild America Books.

Campbell, Tyrone; and Joel Kopp; and Kate Kopp. 1991. *Navajo Pictorial Weaving 1880-1950.* New York: Dutton Studio Books.

Canclfni, Nestor Garcia. 1993. *Transforming Modernity: Popular Culture in Mexico.* Austin: University of Texas Press.

——. 1995. *Hybrid Cultures: Strategies for Entering and Leaving Modernity.* Minneapolis: University of Minnesota Press.

Caves, Richard E. 2000. *Creative Industries.* Cambridge: Harvard

University Press.

Cerny, Charlene and Suzanne Seriff, eds. 1996. *Recycled, Re-Seen: Folk Art from the Global Scrap Heap.* New York: Harry N. Abrams.

Chakravarty, Sumita S. 1993. *National Identity in Indian Popular Cinema, 1947-1987.* Austin: University of Texas Press.

Chandra, Bipan. 1966. *The Rise and Growth of Economic Nationalism in India.* New Delhi: People's Publishing House.

——. 1968. "Reinterpretations of Nineteenth-Century Indian Economic History." *Indian Economic and Social History Review* 5:35-75.

Chandra, Pramrod. 1981. "The Sculpture and Architecture of Northern India." In *The Arts of India,* edited by Basil Gray, 30-52. Ithaca: Cornell University Press.

Chang, Kevin O'Brien, and Wayne Chen. 1998. *Reggae Routes: The Story of Jamaican Music.* Philadelphia: Temple University Press.

Chaudhuri, K. N. 1978. *The Trading World of Asia and the English East India Company 1660-1760.* Cambridge: Cambridge University Press.

Cheek, Lawrence W. 1996. *Santa Fe.* Oakland: Fodor's Travel Publications.

Christenson, Peter G., and Donald F. Roberts. *It's Not Only Rock And Roll: Popular Music in the Lives of Adolescents.* Cresskill, N.J.: Hampton Press.

Chwe, Michael Suk-Young. 1999. "Game Theory and Global Rituals: Media, McDonald's, and Madonna." Unpublished manuscript, University of Chicago.

Clausen, Christopher. 1981. *The Place of Poetry: Two Centuries of an Art in Crisis*. Lexington, Ky. University Press of Kentucky.

Clifford, James. 1988. *The Predicament of Culture: Twentieth-Century Ethnography, Literature, and Art*. Cambridge: Harvard University Press.

———. 1997. *Routes: Travel and Translation in the Late Twentieth Century.* Cambridge: Harvard University Press.

Coccossis, Harry. 1996. "Tourism and Sustainability: Perspectives and Implications." In *Sustainable Tourism? European Experiences,* edited by Gerda K. Priestly, J. Arwel Edwards, and Harry Coccossis, 1-21. Wallingford, England: CAB International.

Cohn, Bernard. 1989. "Cloth, Clothes, and Colonialism: India in the Nineteenth Century." In *Cloth and Human Experience,* edited by Annette B. Weiner and Jane Schneider, 303-53. Washington, D.C.: Smithsonian Institution Press.

Coles, Janet, and Robert Budwig. 1997. *Beads: An Exploration of Bead Traditions around the World.* New York: Simon and Schuster Editions.

Cooper, Ilay, and John Gillow. 1996. *Arts and Crafts of India.* London: Thames and Hudson.

Cootner, Cathryn. 1981. *Flat-Woven Textiles.* Washington, D.C.: The Textile Museum.

Costello, Mark, and David Foster Wallace. 1990. *Signifying Rappers: Rap and Race in the Urban Present.* New York: Ecco Press.

Costigliola, Frank. 1984. *Awkward Dominion: American Political, Economic, and Cultural Relations with Europe, 1919-1933.* Ithaca: Cornell University Press.

Cowen, Tyler. 1996. "Why I Do Not Believe in the Cost-Disease: Comment on Beaumol." *journal of Cultural Economics* 20, 207-14.

———. 1998. *In Praise of Commercial Culture*. Cambridge: Harvard University Press.

———. 2000. *What Price Fame?* Cambridge: Harvard University Press.

Cowen, Tyler and Robin Grier. 1996. "Does the Artist Suffer from a Cost Disease?" *Rationality and Society* 8, no. 1 (February): 5-24.

Cowen, Tyler, and Eric Crampton. 2001. "Uncommon Culture." *Foreign Policy* (July/August): 28-29.

Crafton, Donald. 1997. *The Talkies: American Cinema's Transition to Sound, 1926-1931*. New York: Charles Scribner's Sons.

Crane, Diana. 1972. *Invisible Colleges: Diffusion of Knowledge in Scientific Communities* Chicago: University of Chicago Press.

Crisp, Colin. 1993. *The Classic French Cinema, 1930-1960*. Bloomington: University of Indiana Press.

Dale, Martin. 1997. *The Movie Game: The Film Business in Britain, Europe, and America*. London: Cassell.

Damian, Carol. 1995. *The Virgin of the Andes: Art and Ritual in Colonial Cuzco*. Miami Beach: Grassfield Press.

Daniels, Bill; David Leedy; and Steven D. Sills. 1998. *Movie Money: Understanding Hollywood's (Creative) Accounting Practices*. Los Angeles: Silman-James Press.

Danticat, Edwidge, and Jonathan Demme. 1997. *Island on Fire*. Nyack, N.Y.: Kaliko Press.

Danto, Arthur C. 1981. *The Transfiguration of the Commonplace: A*

Philosophy of Art. Cambridge: Harvard University Press.

Dedera, Don. 1975. *Navajo Rugs: How to Find, Evaluate, Buy, and Care for Them.* Northland Press.

Deitch, Lewis I. 1989. "The Impact of Tourism on the Arts and Crafts of the Indians of the Southwestern United States." In *Hosts and Guests: The Anthropolgy of Tourism,* edited by Valene L. Smith, 223-35. Philadelphia: University of Pennsylvania Press.

Devine, T. M. 1999. *The Scottish Nation A History, 1700-2000.* New York: Viking.

Dibbets, Karel. 1997. "The Introduction of Sound." In *The Oxford History of World Cinema,* edited by Geoffrey Nowell-Smith, 211-19. Oxford: Oxford University Press.

Diogenes, Laertius. 1925. *Lives of the Philosophers.* Vol. 2. Cambridge: Harvard University Press.

Dissanayake, Wimal. 1988. "Japanese Cinema." In *Cinema and Cultural Identity: Reflections on Films from Japan, India, and China,* edited by Wimal Dissanayake, 15-18. Lanham, Md.: University Press of America.

Dockstader, Frederick J. 1954. *The Kachina and the White Man.* Bloomfield Hills, Mich.: Cranbrook Institute of Science.

Doheny-Farina, Stephen. 1996. *The Wired Neighborhood.* New Haven: Yale University Press.

Drozdiak, William. 1993. "The City of Light, Sans Bright Ideas." *Washington Post,* 28 October, Dl, D6.

Dubin, Lois Sher. 1987. *The History of Beads.* New York: Harry N.

Abrams.

Duin, Julia. 1999. "Navajos Learn to Keep Rug Art Alive." *Washington Times,* 18 August, A2.

Dunnett, Peter. 1990. *The World Television Industry: An Economic Analysis.* London: Routledge.

Durkheim, Emile. 1964 [1893]. *The Division of Labor.* New York: Free Press.

Dutt, Romesh. 1969 [1904]. *The Economic History of India in the Victorian Age.* New York: Augustus M. Kelley.

Dutta, Krishna, and Andrew Robinson. 1995. *Rabindranath Tagore: The Myriad-Minded Man.* New York: St. Martin's Press.

Edwards, A. Cecil. 1960 *The Persian Carpet: A Survey of the Carpet-Weaving Industry of Persia.* London: Gerald Duckworth.

Egan, Martha J. 1993. *Relicarios: Devotional Miniatures from the Americas.* Santa Fe: Museum of New Mexico Press.

Ehrlich, Evelyn. 1985. *Cinema of Paradox: French Filmmaking under the German Occupation.* New York: Columbia University Press.

Erickson, Lee. 1996. *The Economy of Literary Form: English Literature and the Industrialization of Publishing, 1800-1850.* Baltimore: Johns Hopkins University Press.

Ewens, Graeme. 1991. *Africa O-Yel.* New York: Da Capo Press.

Fairchild, Hoxie Neale. 1961. *The Noble Savage: A Study in Romantic Naturalism.* New York: Russell and Russell.

Farnie, D. A. 1979. *The English Cotton Industry and the World Market 1815-1896.* Oxford: Clarendon Press.

Feder, Norman. 1971. *Two Hundred Years of North American Indian Art.* New York: Praeger Publishers.

——. 1986. "European Influences on Plains Indian Art." In *The Arts of the North American Indian,* edited by Edwin L. Wade, 93-104. New York: Hudson Hill Press.

Feehan, Fanny. 1981. "Suggested Links between Eastern and Celtic Music." In *The Celtic Consciousness,* edited by Robert O'Driscoll, 333-39. New York: George Braziller.

Feest, Christian F. 1992. *Native Arts of North America.* New York: Thames and Hudson.

Fore, Steve. 1997. "Jackie Chan and the Cultural Dynamics of Global Entertainment." In *Transnational Chinese Cinemas,* edited by Sheldon Hsiaopeng Lu, 239-62. Honolulu: University of Hawaii Press.

Frank, Robert H., and Philip J. Cook. 1995. *The Winner-Take-All Society: How More and More Americans Compete for Ever Fewer and Bigger Prizes, Encouraging Economic Waste, Income Inequality, and an Impoverished Cultural Life.* New York: Free Press.

Friedman, Thomas. 1999. *The Lexus and the Olive Tree.* London: HarperCollins.

French Ministry of Culture (Studies and Research Department). 1970. *Some Aspects of French Cultural Policy.* Paris: UNESCO.

Fuchs, Lawrence H. 1990. *The American Kaleidoscope: Race, Ethnicity, and the Civic Culture.* Hanover, Mass.: University Press of New England.

Furst, Peter T., and Jill L. Furst. 1982. *North American Indian Art.* New

York: Artpress Books.

Garncarz, Joseph. 1994. "Hollywood in Germany: The Role of American Films in Germany, 1925-1990." In *Hollywood in Europe: Experiences of a Cultural Hegemony,* 94-135. Amsterdam: VU University Press.

Gioia, Dana. 1992. *Can Poetry Matter? Essays on Poetry and American Culture.* St. Paul: Graywolf Press.

Gittinger, Mattiebelle. 1982. *Master Dyers to the World: Technique and Trade in Early Indian Dyed Cotton Textiles.* Washington, D.C.: The Textile Museum.

Glassie, Henry. 1989. *The Spirit of Folk Art: The Girard Collection at the Museum of International Folk Art.* New York: Harry N. Abrams.

Gokulsing, K. Moti, and Wimal Dissanayake. 1998. *Indian Popular Cinema: A Narrative of Cultural Change.* Oakhill, England: Trentham Books.

Gomery, Douglas. 1985. "Economic Struggle and Hollywood Imperialism: Europe Converts to Sound." In *Film Sound: Theory and Practice,* edited by Elizabeth Weis and John Belton, 25-36. New York: Columbia University Press.

——. 1992. *Shared Pleasures: A History of Movie Presentation in the United States.* Madison: University of Wisconsin Press.

Graham, Ronnie. 1985. "Zaire Sets the Pace." *West Africa,* November, 2268-69.

Grantham, Bill. 2000. *"Some Big Bourgeois Brothel": Contexts for France's Culture Wars with Hollywood.* Luton, England: University of Luton Press.

Gray, John. 1998. *False Dawn: The Delusions of Global Capitalism.* London: Granta Books.

Grimes, William. 1998. "Talk about a Fork in the Road. How and Why Did the French Make an Art of Cuisine While England Descended to Bangers and 'Chip Butty'? " *New York Times,* 9 May, A15, A17.

Guillermoprieto, Alma. 1999. "Cuban Hit Parade." *New York Review of Books* 14 January: 46, no. 1, 34-35.

Guy, John. 1998. *Woven Cargoes: Indian Textiles in the East.* New York: Thames and Hudson.

Haberland, Wolfgang. 1986. "Aesthetics in Native American Art." In *The Arts of the North American Indian,* edited by Edwin L. Wade, 107-31. New York: Hudson Hill Press.

Hall, Peter G. 1998. *Cities in Civilization: Culture, Innovation, and Urban Order.* London: Westfield and Nicholson.

Hannerz, Ulf. 1992. *Cultural Complexity: Studies in the Social Organization of Meaning.* New York: Columbia University Press.

——. 1996. *Transnational Connections: Culture, People, Places.* New York: Routledge.

Harmon, Melissa Burdick. 1998. "Food: A Love Story." *Biography Magazine,* December, 110.

Harrev, Flemming. 1989. "Jambo Records and the Promotion of Popular Music in East Africa: The Story of Otto Larsen and East Africa Records Ltd. 1952-1963." In *Perspectives on African Music*, African Studies Series 9, edited by Wolfgang Bender, 103-37. Bayreuth, Germany: Eckhard Breitinger.

Harris, Henry T. 1908. *Monograph on the Carpet Weaving Industry of Southern India.* Madras: Government Press.

Harris, Jennifer. 1993. *Textiles, 5,000 Years: An International History and Illustrated Survey.* New York: Harry N. Abrams.

Haslam, Malcolm. 1991. *Arts and Crafts Carpets.* New York: Rizzoli.

Hatch, Martin. 1989. "Popular Music in Indonesia." In *World Music, Politics, and Social Change,* edited by Simon Frith, 47-67. Manchester: Manchester University Press.

Hayes, Carlton J. H. 1930. *France: A Nation of Patriots.* New York: Columbia University Press.

Hebdige, Dick. 1990. *Cut 'n' Mix: Culture, Identity, and Caribbean Music.* London: Methuen.

Hegel, George Wilhelm Friedrich. 1975 [1837]. *Lectures on the Philosophy of World History.* Cambridge: Cambridge University Press.

Helfgott, Leonard M. 1994. *Ties That Bind: A Social History of the Iranian Carpet.* Washington, D.C.: Smithsonian Institution Press.

Helpman, Elhanan, and Paul R. Krugman. 1985. *Market Structure and Foreign Trade: Increasing Returns, Imperfect Competition, and the International Economy.* Cambridge: MIT Press.

Herrnstein Smith, Barbara. 1988. *Contingencies of Value: Alternative Perspectives for Critical Theory.* Cambridge: Harvard University Press.

Hessel, Ingo. 1998. *Inuit Art: An Introduction.* New York: Harry N. Abrams.

Hibbert, Christopher. 1969. *The Grand Tour.* New York: G. P. Putnam's

Sons.

Hollinger, David A. 1995. *Postethnic America: Beyond Multiculturalism*. New York: Basic Books.

Hooker, Richard J. 1981. *Food and Drink in America: A History*. Indianapolis: Bobbs-Merrill.

Hostetler, John A. 1993. *Amish Society*. Baltimore: Johns Hopkins Press.

Howe, James. 1998. *A People Who Would Not Kneel: Panama, the United States, and the San Bias Kuna*. Washington, D.C.: Smithsonian Institution Press.

Hughes, Robert. 1991. *The Shock of the New: Art and the Century of Change*. London: BBC Books.

Hume, David. 1985 [1777]. "Of the Standard of Taste." In *Essays Moral, Political, and Literary*. Indianapolis: Liberty Classics.

Humphries, Patrick. 1989. *Paul Simon: Still Crazy after All These Years*. New York: Doubleday.

Huntington, Samuel P. 1996. *The Clash of Civilizations and the Remaking of World Order*. New York: Simon and Schuster.

Ilott, Terry. 1996. *Budgets and Markets: A Study of the Budgeting of European Film*. New York: Routledge.

Irwin, Douglas A. 1996. *Against the Tide: An Intellectual History of Free Trade*. Princeton: Princeton University Press.

Issawi, Charles. 1980. *The Economic History of Turkey, 1800-1914*. Chicago: University of Chicago Press.

Iyer, Pico. 1989. *Video Night in Kathmandu*. New York: Vintage Books.

Jacobsen, Charles W. 1971. *Oriental Rugs: A Complete Guide*. Tokyo:

Charles E. Tuttle.

James, Alison. 2001. "French Box Office Hits 20-Year Record." *Variety,* 5-11 March, 26.

James, George Wharton. 1974. *Indian Blankets and Their Makers.* Glorieta, N.M.: Rio Grande Press.

Jameson, Fredric. 2000. "Globalization and Strategy." *New Left Review,* July/ August, 49-68.

Kaes, Anton. 1997. "The New German Cinema." In *The Oxford History of World Cinema,* edited by Geoffrey Nowell-Smith, 614-27. Oxford: Oxford University Press.

Kahlenberg, Mary Hunt. 1998. *The Extraordinary in the Ordinary.* New York: Harry N. Abrams.

Kahlenberg, Mary Hunt, and Anthony Berlant. 1972. *The Navajo Blanket.* Los Angeles: Praeger Publishers and Los Angeles County Museum of Art.

Kapp, Kit S. 1972. *Mola Art from the San Bias Islands.* K. S. Kapp Publications.

Kaufman, Alice, and Christopher Selser. 1985. *The Navajo Weaving Tradition: 1650 to the Present.* New York: E. P. Dutton.

Kazadi, Pierre. 1971. "Congo Music: Africa's Favorite Beat." *Africa Report,* April, 24-27.

———. 1973. "Trends of Nineteenth and Twentieth Century Music in the Congo-Zaire." In *Musikkulturen Asiens, Afrikas und Ozeaniens im 19. Jahr- hundert,* edited by Robert Gunther, 267-83. Regensburg, Germany: Gustav Bosse.

Kent, Kate Peck. 1976. "Pueblo and Navajo Weaving Traditions and the Western World." In *Ethnic and Tourist Arts: Cultural Expressions from the Fourth World,* edited by Nelson H. H. Graburn, 85-101. Berkeley: University of California.

——. 1985. *Navajo Weaving: Three Centuries of Change.* Santa Fe: School of American Research Press.

Khan, M. 1969. *An Introduction to the Egyptian Cinema.* London: Informatics.

Kim, Sukkoo. 1997. "Economic Integration and Convergence: U.S. Regions, 1840-1987." Working Paper 6335, National Bureau of Economic Research; Cambridge, Mass.

King, Donald. 1966. "Currents of Trade: Industries, Merchants and Money." In *The Floioering of the Middle Ages,* edited by Joan Evans, 199-230. New York: Bonanza Books.

King, J.C.H. 1986. "Tradition in Native American Art." In *The Arts of the North American Indian,* edited by Edwin L. Wade, 65-92. New York: Hudson Hill Press.

King, John. 1990. *Magical Reels: A History of Cinema in Latin America.* New York: Verso.

——. 1998. "Cinema." In *A Cultural History of Latin America. Literature, Music and the Visual Arts in the Nineteenth and Twentieth Centuries*, 455- 518. Cambridge: Cambridge University Press.

Kinzer, Stephen. 1997. "From Splendid Isolation, Treasures for the World." *New York Times,* 16 September, A4.

Klein, Naomi. 2000. *No Space, No Jobs, No Logo: Taking Aim at the*

Brand Bullies. New York: Picador USA.

Kolmel, Michael. 1985. "'Economic Efficiency vs. Artistic Standard: The Case of Public Support for the Film Industry in West Germany." In *Governments and Culture,* edited by C. Richard Waits, William S. Hendon, and Harold Horowitz, 106-21. Akron: Association for Cultural Economists.

Komatsu, Hiroshi. 1997. "Japan: Before the Great Kanto Earthquake." In *The Oxford History of World Cinema,* edited by Geoffrey Nowell-Smith, 177- 82. Oxford: Oxford University Press.

Krause, Richard Kraus. 1989. *Pianos and Politics in China: Middle-Class Ambitions and the Struggle over Western Music.* New York: Oxford University Press.

Kroeber, Alfred. 1969. *Configurations of Culture Growth.* Berkeley: University of California Press.

Krotz, Larry. 1996. *Tourists: How Our Fastest Growing Industry Is Changing the World.* Boston: Faber and Faber.

Krugman, Paul R. 1979. "Increasing Returns, Monopolistic Competition, and International Trade." *Journal of International Economics* 9:469-79.

——. 1980. "Scale Economies, Product Differentiation, and the Pattern of Trade." *American Economic Review* 70:950-59.

——. 1996. *Pop Internationalism.* Cambridge: MIT Press.

Kuisel, Richard. 1993. *Seducing the French: The Dilemma of Americanization.* Berkeley: University of California Press.

Kumar, Satish. 1996. "Gandhi's *Swadeshi:* The Economics of

Permanence." In *The Case against the Global Economy, and for a Turn towards the Local,* edited by Jerry Mander and Edward Goldsmith, 418-24. San Francisco: Sierra Club Books.

Kymlicka, Will. 1995. *Multicultural Citizenship: A Liberal Theory of Minority Rights.* Oxford: Clarendon Press.

Lealand, Geoff. 1988. *A Foreign Egg in Our Nest? American Popular Culture in New Zealand.* Wellington: Victoria University Press.

Lencek, Lena, and Gideon Bosker. 1998. *The Beach: The History of Paradise on Earth.* New York: Viking.

Lent, John A. 1990. *The Asian Film Industry.* Austin: University of Texas Press.

Levenstein, Harvey. 1993. *Paradox of Plenty: A Social History of Eating in Modern America.* Oxford: Oxford University Press.

——. 1998. *Seductive Journey: American Tourists in France from Jefferson to the Jazz Age.* Chicago: University of Chicago Press.

Levi-Strauss, Claude. 1976. *Structural Anthropology.* Vol. 2. New York: Basic Books.

Linder, Staffan Burenstam. 1970. *The Harried Leisure Class.* New York: Columbia University Press.

Lindig, Wolfgang. 1993. *Navajo: Tradition and Change in the Southwest.* New York: Facts on File.

Lipsitz, George. 1994. *Dangerous Crossroads: Popular Music, Postmodernism, and the Poetics of Place.* New York: Verso Books.

Lockhart, Laurence. 1958. *The Fall of the Safavi Dynasty and the Afghan Occupation of Persia.* Cambridge: At the University Press.

Lovejoy, Arthur O., and Arthur Boas. 1965. *Primitivism and Related Ideas in Antiquity.* New York: Octagon Books.

Lynton, Linda. 1995. *The Sari: Styles-Patterns-History-Techniques.* New York: Harry N. Abrams.

Macgowan, Kenneth. 1965. *Behind the Screen: The History and Techniques of the Motion Picture.* New York: Delacorte Press.

Magder, Ted. 1993. *Canada's Hollywood: The Canadian State and Feature Films.* Toronto: University of Toronto Press.

Maizels, John. 1996. *Raw Creation: Outsider Art and Beyond.* London: Phaidon Press.

Mannheim, Karl. 1952. "On the Interpretation of 'Weltanschauung.' " In *Essays on the Sociology of Knowledge,* 33-83. New York: Oxford University Press.

Manuel, Peter. 1988. *Popular Musics of the Non-Western World.* New York: Oxford University Press.

———. 1993. *Cassette Culture: Popular Music and Technology in North India.* Chicago: University of Chicago Press.

Mapp, Alf J., Jr. 1998. *Three Golden Ages: Discovering the Creative Secrets of Renaissance Florence, Elizabethan England, and America's Founding.* Lanham, Md.: Madison Books.

Marre, Jeremy, and Hannah Charlton. 1985. *Beats of the Heart: Popular Music of the World.* London: Pluto Press.

Mason, Peter. 1998. *Bacchanal! The Carnival Culture of Trinidad.* Philadelphia: Temple University Press.

Mathews, Kate. 1998. *!Molas!* Asheville, N.C.: Lark Books.

McDowell, Edwin. 1998. "Jumping on America's Hospitality Bandwagon." *New York Times,* 6 May, Dl, D3.

McKean, Philip Frick. 1989. "Towards a Theoretical Analysis of Tourism: Economic Dualism and Cultural Involution in Bali." In *Hosts and Guests: The Anthropology of Tourism,* edited by Valene L. Smith, 119-38. Philadelphia: University of Pennsylvania Press.

McNitt, Frank. 1962. *The Indian Traders.* Norman, Okla.: University of Oklahoma Press.

Maxwell, Robyn. 1990. *Textiles of Southeast Asia: Tradition, Trade, and Transformation. Oxford: Oxford University Press.*

Mehta, S. D. 1953. *The Indian Cotton Textile Industry: An Economic Analysis.* Bombay: The Textile Association.

Meintjes, Louise. 1990. "Paul Simon's Graceland, South Africa, and the Mediation of Musical Meaning." *Ethnomusicology* (Winter): 37-74.

Mensah, Atta Annan. 1980. "Music South of the Sahara." In *Musics of Many Cultures: An Introduction,* edited by Elizabeth May, 172-94. Berkeley: University of California Press.

Meurant, Georges. 1995. *Shoowa Design: African Textiles from the Kingdom of Kuba.* London: Thames and Hudson.

Micklethwait, John, and Adrian Wooldridge. 2000. *Future Perfect: The Challenge and Hidden Promise of Globalization.* New York: Crown Publishers.

Milanesi, Enza. 1993. *The Bulfinch Guide to Carpets.* Boston: Little, Brown, and Company.

Montesquieu, Charles Louis de Secondat baron de La Brede. 1965 [1748].

Considerations on the Causes of the Greatness of the Romans and Their Decline. Ithaca: Cornell University Press.

——. 1989 [1748]. *The Spirit of the Lazos.* Cambridge: Cambridge University Press.

Morris, Morris D. 1969. "Trends and Tendencies in Indian Economic History." In *Indian Economy in the Nineteenth Century: A Symposium,* by Morris D. Morris, Tom Matsui, Bipin Chandra, and T. Raychaudhuri, 101-70. Delhi: Indian Economic and Social History Association.

——. 1983. "The Growth of Large-Scale Industry to 1947." In *The Cambridge Economic History of India.* Vol. 2, edited by Dharma Kumar, with the editorial assistance of Meghnad Desai, 553-676. Cambridge: Cambridge University Press.

Mukarovsky, Jan. 1970. *Aesthetic Function, Norm and Value as Social Facts.* Ann Arbor: University of Michigan Press, Michigan Slavic Contributions.

Mukuna, Kazadi wa. 1979-80. "The Origin of Zairean Modern Music: A Socio-Economic Aspect." *African Urban Studies* 6 (Winter): 31-39.

——. 1980. "Congolese Music." In *The New Grove Dictionary of Music and Musicians,* Vol. 4, edited by Stanley Sadie, 659-61. New York: Macmillan Publishers.

Munro, Thomas, n.d. *Evolution in the Arts and Other Theories of Culture History.* Cleveland: Cleveland Museum of Art.

Muscio, Giuliana. 2000. "Invasion and Counterattack: Italian and American Film Relations in the Postwar Period." In *"Here, There, and Everywhere": The Foreign Politics of American Popular Culture,* edited by Reinhold Wagnleitner and Elaine Tyler May, 116-31. Hanover and London: University Press of New England.

Navarro, Mireya. 2000. "Complaints to Spanish TV: Where Are the Americans?" *New York Times,* 21 August, A23.

Negrine, R., and S. Papathanassopoulos. 1990. *The Internationalisation of Television.* London: Pinter Publishers.

New Oceania: Rediscovering Our Sea of Islands. 1993. A. Suva, Fiji: University of the South Pacific.

Newcomb, Horace. 1996. "Other People's Fictions: Cultural Appropriation, Cultural Integrity, and International Media Strategies." In *Mass Media and Free Trade: NAFTA and Cultural Industries,* edited by Emile G. McAnany and Kenton T. Wilkinson, 92-109. Austin: University of Texas Press.

Noam, Eli. 1991. *Television in Europe.* New York: Oxford University Press.

Nunley, John. 1996. "The Beat Goes on: Recycling and Improvisation in the Steel Bands of Trinidad and Tobago." In *Recycled, Re-Seen: Folk Art from the Global Scrap Heap,* edited by Charlene Cerny and Suzanne Seriff, 130-39. New York: Harry N. Abrams.

Nussbaum, Martha. 1997. *Cultivating Humanity: A Classical Defense of Reform in Liberal Education.* Cambridge: Harvard University Press.

Orvell, Miles. 1995. *After the Machine: Visual Arts and the Erasing of Cultural Boundaries.* Jackson: University of Mississippi Press.

Owen, Roger. 1981. *The Middle East in the World Economy, 1800-1914.* London and New York: Methuen.

Pangle, Thomas. 1992. *The Ennobling of Democracy: The Challenge of the Postmodern Era.* Baltimore: Johns Hopkins Press.

Pareles, Jon. 1998. "A Pop Post-Modernist Gives Up on Irony." *New York Times,* Washington edition, 8 November. Arts and Leisure section, pt. 2, pp. 33, 40.

Parsons, Edward Alexander. 1952. *The Alexandrian Library: Glory of the Hellenic World.* Amsterdam: Elsevier Press.

Paterculus, Velleius. 1967 [A.D. 30]). *Compendium of Roman History.* Cambridge: Harvard University Press.

Pearson, Roberta. 1997. "Transitional Cinema." In *The Oxford History of World Cinema,* edited by Geoffrey Nowell-Smith, 23-42. Oxford: Oxford University Press.

Pells, Richard. 1997. *Not like Us: How Europeans Have Loved, Hated, and Transformed American Culture since World War II.* New York: Basic Books.

Phillips, Barty. 1994. *Tapestry.* London: Phaidon Press.

Pillsbury, Richard. 1998. *No Foreign Food: The American Diet in Time and Place.* Boulder, Colo.: Westview Press.

Porter, Michael E. 1990. *The Competitive Advantage of Nations.* New York: Free Press.

Puls, Herta. 1988. *Textiles of the Kuna Indians of Panama.* Aylesbury, England: Shire Publications.

Puttnam, David, with Neil Watson. 1998. *Movies and Money.* New York: Alfred A. Knopf.

Riceour, Paul. 1965. "Universal Civilization and National Cultures." In

History and Truth. Evanston, 111.: Northwestern University Press.

Richards, Greg. 1996a. "Introduction: Culture and Tourism in Europe." In *Cultural Tourism in Europe*, edited by Greg Richards, 3-18. Wallingford, England: CAB International.

——. 1996b. "Social Context of Cultural Tourism." In *Cultural Tourism in Europe,* edited by Greg Richards, 47-70. Wallingford, England: CAB International.

Richter, Anne. 1994. *The Arts and Crafts of Indonesia*. San Francisco: Chronicle Books.

Rifkin, Jeremy. 2000. *The Age of Access: The New Culture of Hypercapi talism, Where All of Life is a Paid-for Experience*. New York: Jeremy P. Tarcher/ Putnam.

Roberts, John Storm. 1972. *Black Music of Two Worlds*. New York: William Morrow and Company.

Robertson, Roland. 1992. *Globalization: Social Theory and Global Culture*. London: Sage Publications.

Robinson, Deanna Campbell; Elizabeth B. Buck; and Marlene Cuthbert. 1991. *Music at the Margins: Popular Music and Global Cultural Diversity*. Newbury Park, Calif.: Sage Publications.

Rocker, Rudolf. 1978 [1937]. *Nationalism and Culture*. St. Paul: Michael E. Coughlin.

Rodee, Marian E. 1981. *Old Navajo Rugs: Their Development from 1900 to 1940*. Albuquerque: University of New Mexico Press.

Rodman, Selden. 1948. *Renaissance in Haiti: Popular Painters in the Black Republic*. New York: Pellegrini and Cudahy.

——. 1961. *Haiti: The Black Republic.* New York: Devin-Adair.

——. 1982. *Artists in Tune with Their World: Masters of Popular Art in the Americas and Their Relation to the Folk Tradition.* New York: Simon and Schuster.

——. 1988. *Where Art Is joy: Haitian Art: The First Forty Years.* New York: Ruggles de Latour.

Romanowski, William D. 1996. *Pop Culture Wars: Religion and the Role of Entertainment in American Life.* Downers Grove, Ill.: InterVarsity Press.

Rosenberg, Emily S. 1982. *Spreading the American Dream: American Economic and Cultural Expansion, 1890-1945.* New York: Hill and Wang.

Roud, Richard. 1993. *A Passion for Films: Henri Langlois and the Cinémathèque Française.* New York: Viking Press.

Sadowski, Yahya. 1998. *The Myth of Global Chaos.* Washington, D.C.: Brookings Institution Press.

Salvador, Mari Lyn. 1976. "The Clothing Arts of the Cuna of San Bias, Panama." In *Ethnic and Tourist Arts: Cultural Expressions from the Fourth World,* edited by Nelson H. H. Graburn, 165-82. Berkeley: University of California Press.

Santoro, Gene. 1993. "Borrowed Beats: Cuban Dance Rhythms Have Ignited American Music since the Turn of the Century." *Atlantic Monthly,* September. 96-100.

Savile, Anthony. 1982. *The Test of Time: An Essay in Philosophical Aesthetics.* Oxford: Clarendon Press.

Schiller, Herbert 1.1992. *Mass Communications and American Empire.* Boulder, Colo.: Westview Press.

Schivelbusch, Wolfgang. 1977. *The Railway Journey: Trains and Travel in the Nineteenth Century.* New York: Urizen Books.

Schlereth, Thomas J. 1977. *The Cosmopolitan Ideal in Enlightenment Thought.* Notre Dame, Ind.: University of Notre Dame Press.

Schnitman, Jorge A. 1984. *Film Industries in Latin America: Dependency and Development.* Norwood, N.J.: Ablex Publishing.

Segrave, Kerry. 1997. *American Films Abroad: Hollyzvood's Domination of the World's Movie Screens.* Jefferson, N.C.: McFarland and Company.

Shenk, David. 1997. *Data Smog: Surviving the Information Glut.* San Francisco: HarperEdge.

Shils, Edward. 1981. *Tradition.* Chicago: University of Chicago Press.

Sinclair, R. K. 1988. *Democracy and Participation in Athens.* Cambridge: Cambridge University Press.

Singhal, D. P. 1969. *India and World Civilization.* Vols. 1 and 2. Lansing, Mich.: Michigan State University Press.

Sinha, Sasadhar. 1962. *Social Thinking of Rabindranath Tagore.* London: Asia Publishing Guide.

Sklar, Robert. 1975. *Movie-Made America: A Social History of American Movies.* New York: Random House.

Sokolov, Raymond. 1991. *Why We Eat What We Eat.* New York: Simon and Schuster.

Spencer, Herbert. 1972. "Advice to the Modernizers of Japan." *Herbert*

Spencer on Social Evolution, edited and with an introduction by J.D.Y. Peel, 253-57. Chicago: University of Chicago Press.

Stapledon, Chris, and Chris May. 1987. *African Rock: The Pop Music of a Continent.* New York: Dutton.

Stead, William T. 1901. *The Americanization of the World or the Trend of the Twentieth Century.* New York: Horace Markley.

Stewart, Gary. 2000. *Rumba on the River: A History of the Popular Music of the Two Congos.* New York: Verso.

Stewart, Hilary. 1990. *Totem Poles.* Seattle: University of Washington Press.

Stipp, H. 1993. "New Ways to Reach Children." *American Demographics* (August): 48-49.

Stone-Miller, Rebecca. 1992. *To Weave for the Arts: Andean Textiles in the Museum of Fine Arts, Boston.* Boston: Museum of Fine Arts.

Stuempfle, Stephen. 1995. *The Steelband Movement: The Forging of a National Art in Trinidad and Tobago.* Philadelphia: University of Pennsylvania Press.

Sturtevant, William C. 1986. "The Meanings of Native American Art." In *The Arts of the North American Indian,* edited by Edwin L. Wade, 23-44. New York: Hudson Hill Press.

Sutton, R. Anderson. 1985. "Commercial Cassette Recordings of Traditional Music in Java: Implications for Performers and Scholars." *The World of Music* 27:23-45.

Swain, Margaret Byrne. 1989. "Gender Roles in Indigenous Tourism: Kuna Mola, Kuna Yala, and Cultural Survival." In *Hosts and Guests:*

The Anthropology of Tourism, edited by Valene L. Smith, 83-104. Philadelphia: University of Pennsylvania Press.

Swallow, D. A. 1982. "Production and Control in the Indian Garment Export Industry." In *From Craft to Industry: The Ethnography of Proto-Industrial Cloth Production,* edited by Esther N. Goody, 133-65. Cambridge: Cambridge University Press.

Swallow, Deborah. 1990. "The Raj: India 1850-1900." In *Arts of India: 1550- 1900,* edited by Rosemary Crill, John Guy, Veronica Murphy, Susan Stronge, and Deborah Swallow, 209-28. London: Victoria and Albert Museum.

Sweeney, Philip. 1991. *The Virgin Directory of World Music.* New York: Henry Holt and Company.

Swinton, George. 1972. *Sculpture of the Eskimo.* Greenwich, Conn.: New York Graphic Society.

Taine, Hippolyte Adolphe. 1980 [1865]. Philosophy of Art. Ann Arbor: University Microfilms.

Tarlo, Emma. 1996. *Clothing Matters: Dress and Identity in India.* Chicago: University of Chicago Press.

Taylor, Timothy D. 1997. *Global Pop: World Music, World Markets.* New York: Routledge.

Teo, Stephen. 1997. *Hong Kong Cinema: The Extra Dimensions.* London: British Film Institute.

Thompson, Jon. 1988. *Oriental Carpets: From the Tents, Cottages and Workshops of Asia.* New York: E. P. Dutton.

Thompson, Kristin. 1985. *Exporting Entertainment: America in the World*

Film Market 1907-34. London: BFI Publishing.

Tocqueville, Alexis de. 1959 [1835]. *Democracy in America.* New York: Harper and Row.

Tomlinson, John. 1991. *Cultural Imperialism: A Critical Introduction.* Baltimore: Johns Hopkins University Press.

——. 1999. *Globalization and Culture.* Chicago: University of Chicago Press.

Towse, Ruth, ed. 1997. *Baumol's Cost Disease: The Arts and Other Victims.* Cheltenham, England: Edward Elgar Press.

Tunstall, Jeremy. 1977. *Media Are American.* New York: Columbia University Press.

Turner, Louis, and John Ash. 1975. *The Golden Hordes.* London: Constable.

Twitchell, James B. 1992. *Carnival Culture: The Trashing of Taste in America.* Columbia University Press.

Underhill, Ruth M. 1956. *The Navajos.* Norman, Okla.: University of Oklahoma Press.

Urry, John. 1990. *The Tourist Gaze: Leisure and Travel in Contemporary Societies.* London: Sage Publications.

Usabel, Gaizka S. 1982 *The High Noon of American Films in Latin America.* Ann Arbor: UMI Research Press.

Usai, Paolo Cherchi. 1997. "Origins and Survival." In *The Oxford History of World Cinema,* edited by Geoffrey Nowell-Smith, 6-13. Oxford: Oxford University Press.

Vasey, Ruth. 1997a. *The World According to Hollywood, 1918-1939.*

Madison: University of Wisconsin Press.

——. 1997b. "The World-Wide Spread of Cinema." In *The Oxford History of World Cinema,* edited by Geoffrey Nowell-Smith, 53-62. Oxford: Oxford University Press.

Victoria and Albert Museum. 1982. *The Indian Heritage: Court Life and Arts under Mughal Rule.* London: Victoria and Albert Museum.

Wagar, W. Warren. 1963. *The City of Man: Prophecies of a World Civilization in Twentieth-Century Thought.* Boston: Houghton Mifflin Company.

Waldron, Jeremy. 1996. "Multiculturalism and Melange." In *Public Education in a Multicultural Society: Policy, Theory, Critique,* edited by Robert K. Fullinwider, 90-118. Cambridge: Cambridge University Press.

Walker, Daniel. 1997. *Flowers Underfoot: Indian Carpets of the Mughal Era.* New York: Metropolitan Museum of Art.

Wallis, Roger, and Krister Malm. 1984. *Big Sounds from Small Peoples: The Music Industry in Small Countries.* London: Constable.

Wangermee, Robert. 1991. *Cultural Policy in France.* Strasbourg: Council of Europe.

Warmington, E. H. 1974. *Commerce between the Roman Empire and India.* London: Curzon Press.

Warneke, Sara. 1995. *Images of the Educational Traveller in Early Modern England.* Leiden: E. J. Brill.

Warner, Keith Q. 1985. *Kaiso! The Trinidad Calypso: A Study of the Calypso as Oral Literature.* Washington, D.C.: Three Continents

Press.

Waterbury, Ronald. 1989. "Embroidery for Tourists: A Contemporary Putting-Out System in Oaxaca, Mexico." In *Cloth and Human Experience,* edited by Annette B. Weiner and Jane Schneider, Washington, D.C.: Smithsonian Institution Press. 243-71.

Waterman, Christopher A. 1985. "Juju." In *The Western Impact on World Music: Change, Adaptation, and Survival*, edited by Bruno Nettl, 87-90. New York: Schirmer Books.

———. 1991. "Jùjú History: Toward a Theory of Sociomusical Practice." In *Ethnomusicology and Modern Music History,* edited by Stephen Blum, Philip V. Bohlman, and Daniel M. Neumann, 49-67. Urbana, Ill.: University of Illinois Press.

Waters, Malcolm. 1995. *Globalization.* London: Routledge.

Weatherford, Jack. 1988. *Indian Givers: How the Indians of the Americas Transformed the World.* New York: Crown Publishers.

———. 1994. *Savages and Civilization: Who Will Survive?* New York: Crown Publishers.

Weitzman, Martin L. 1992. "On Diversity." *Quarterly Journal of Economics,* 107, no. 2 (May): 363-405.

———. 1993. "What to Preserve? An Application of Diversity Theory to Crane Conservation. " *Quarterly Journal of Economics* 108, no. 1 (February): 157-83.

Wells, G. A. 1959. *Herder and After: A Study in the Development of Sociology.* 'S-Gravenhage, Netherlands: Mouton and Co.

Wild, Lee S. 1987. "Hawaiian Quilts." In *America's Glorious Quilts,* edited by Dennis Duke and Deborah Harding, 134-51. Hong Kong: Hugh Lauter Levin.

Williams, Alan. 1992. *Republic of Images: A History of French Filmmaking*. Cambridge: Harvard University Press.

Withey, Lynne. 1987. *Voyages of Discovery: Captain Cook and the Exploration of the Pacific*. New York: William Morrow and Company.

———. 1997. *Grand Tours and Cook's Tours: A History of Leisure Travel, 1750 to 1915*. New York: William Morrow and Company.

Woodcock, George. 1977. *Peoples of the Coast: The Indians of the Pacific Northwest*. Bloomington: Indiana University Press.

Wright, Richard E., and John T. Wertime. 1995. *Caucasian Carpets and Covers*. London: Hali Publications.

Wright, Ronald. 1992. *Stolen Continents: The "New World" through Indian Eyes*. Boston: Houghton Mifflin.

译名对照表 [1]

L'Age d'or	《黄金时代》
Anarchy, State, and Utopia（Nozick）	《无政府、国家和乌托邦》（诺齐克）
Andalusian Dog	《一条安达鲁狗》
Andean societies	安第斯社会
Appadurai，Arjun	阿帕都莱，阿尔让
Appiah，Kwame Anthony	阿皮亚，克瓦米·安东尼
aristocracy	贵族政治
Armory Show（1913）	军械库展（1913）
Art networks	艺术网

Berry, Chuck	贝瑞，查克
Bhutan	不丹
Blair Witch Project, The	《布莱尔女巫》
Blondie	布隆迪
Blood Simple	《血迷宫》
Bogdanovich, Peter	波丹诺维奇，彼得
Borders Books	博得书店
Boukman Eskperyans	布克曼，艾斯克普扬
Boulez, Pierre	布列兹，皮埃尔
Bourdieu, Pierre	布迪厄，皮埃尔
Buell, Frederick	布尔，弗雷德里克
Buena Vista Social Club	《乐士浮生录》
Buñuel, Luis	布努艾尔，路易
Butler, Octavia	巴特勒，奥克塔维亚
Cachao	卡乔
Cameron, James	卡梅隆，詹姆斯
Canclíni, Nestor García	康克林尼，内斯特·加西亚
Cape Verde Islands	佛得角群岛
capital complementarity	资本互补性

Lachmann，Ludwig	拉奇曼，路德维格
Las Vegas	拉斯维加斯
Lawrence of Arabia	《阿拉伯的劳伦斯》
Lean，David	林恩，大卫
Lee，Spike	李，斯派克
Lévi-Strauss，Claude	列维－施特劳斯，克列德
Like Water for Chocolate	《巧克力情人》
Linder，Staffan	林德，斯塔芬
Lotto，Lorenzo	洛托，洛伦佐
low culture	下层文化
Lucas，George	卢卡斯，乔治
Lynch，David	林奇，大卫
Mahfouz，Naguib	马哈福兹，纳吉布
Martin，Ricky	马丁，瑞奇
mass marketing	大规模销售
McCartney，Paul	麦卡特尼，保罗
Melville，Herman	梅尔维尔，赫尔曼
Minerva model	密涅瓦模型
Morris，William	莫里斯，威廉

Oankali plan	欧安卡利计划
Ophüls，max	奥菲尔斯，马克斯
Papua New Guinea	巴布亚新几内亚
Pareto	帕累托
Passion of Joan of Arc, The	《圣女贞德》
Plutarch	普鲁塔克
postmodernism	后现代主义
Queen Victoria	维多利亚女皇
Raimi，Sam	莱米，萨姆
rap	说唱乐
Remembrance of Things Past（Proust）	《追忆逝水年华》（普鲁斯特）
Renaissance，the	文艺复兴
Renoir，Jean	雷诺阿，让
Reynolds，Joshua	雷诺兹，约书亚
Rocker，Rudolf	洛克尔，鲁多尔夫
Rolling Stones	滚石

Whitman, Walt	惠特曼, 沃尔特
World Trade Center	世贸中心
Xenogensis	《异种生殖》
Zaire, music of	扎伊尔音乐
Zeitgeist	时代精神

图书在版编目（CIP）数据

创造性破坏：全球化与文化多样性 /（美）泰勒·
考恩著；王志毅译.—杭州：浙江大学出版社，
2017.12
书名原文：Creative Destruction: How
Globalization Is Changing the World's Cultures
ISBN 978-7-308-17293-6

Ⅰ.①创… Ⅱ.①泰… ②王… Ⅲ.①文化发展－研
究－世界 Ⅳ.①G11

中国版本图书馆 CIP 数据核字（2017）第 196431 号

创造性破坏：全球化与文化多样性
[美] 泰勒·考恩 著　王志毅 译

责任编辑	叶　敏
文字编辑	赵　波
营销编辑	杨　硕
装帧设计	周伟伟
出版发行	浙江大学出版社

　　　　　（杭州天目山路 148 号　邮政编码 310007）

　　　　　（网址：http://www.zjupress.com）

排　　版	北京大观世纪文化传媒有限责任公司
印　　刷	浙江印刷集团有限公司
开　　本	880mm×1230mm　1/32
印　　张	8.5
字　　数	148千
版 印 次	2017年12月第1版　2017年12月第1次印刷
书　　号	ISBN 978-7-308-17293-6
定　　价	46.00元